我們與錢的距離
臧慧 著

目錄

我們與錢的距離

目錄

7 雙手打開財富大門——理財中的創業智慧／219

8 為財富建一道防火牆——理財中的避險智慧／253

前言

如何縮短我們與錢的距離

全球知名暢銷書作家，同時也是世界級的生意導師和國際營銷大師貝克・哈吉斯說：「今天成為一名百萬富翁，不是一種機遇，而是一種選擇。」

股神巴菲特說：「很多人希望很快發財致富，我不懂怎樣才能儘快賺錢，我只知道隨著時日增長賺到錢。」

隨著社會的發展，金錢的意義已經遠遠跨越了金錢本身。沒有人是不愛錢的，人們的衣食住行都需要錢。但是，我們與錢的距離卻彷彿很遙遠。如何縮短我們與錢的距離，如何讓錢物有其值，如何讓錢賺錢，這就是我們所說的「理財」問題。

通俗地說，理財就是對個人以及家庭財富進行科學、有計劃和系統的管理和安排。也就是關於投資賺錢、花錢和省錢的學問。

現在越來越多的人已經發現，財富不能只靠薪資積累，而要靠正確的理財觀念。世界上每一個富豪的誕生，都和「理財」這兩個字有關。可以說，理財是財富積累和增值的最佳手段。

理財成功靠「觀念+方法+機遇」。投資的門路很廣，可以買股票，可以買基金、買外匯，也可以投資房地產或其他藝術品。投資的竅門也不少，它雖不像人們說的那麼難，但要想用投資的方式賺到一筆錢，也絕非像吹個泡泡那麼容易。這就需要我們認真學習理財。

如何運用智慧的頭腦、靈活的思維去創造財富，讓你的口袋永遠是飽滿的，這就是我們在書中為大家介紹的理財智慧。這本書從日常生活中的點滴細節中，為你提供了正確的理財觀念，實用的理財方法、理財建議和行動指導。希望你在讀書的過程中，能收穫一份快樂，一份開闊視野的快樂，一份瞭解和掌握理財知識的快樂。

要縮短我們與錢的距離，只有以智慧的頭腦與靈活的思維聰明理財，讓錢從此與你零距離！

第一章

好理念決定大財富

—理財中的洗腦智慧—

正確的理財理念，如同一把打開財富大門的金鑰匙。
很多人習慣了隨心所欲地花錢直到囊中羞澀，
然後伸長脖子等待著發薪水的那一天。
他們雖然也考慮過將來，卻沒有從行動上去好好規劃將來。
要想把握自己的將來，首先要從理財做起，
一個好的理財理念決定你一生的財富。

智慧理財新觀念

居家過日子，天天都會奏響鍋碗瓢盆交響曲。柴米油鹽，衣食住行，走親訪友，娛樂旅遊，樣樣都離不開錢。隨著人們生活水準的日益提高，理財不僅成為人們當前非常熱門的話題，而且日益成為人們生活中必不可少的事情。

理財是一生的財富規劃，是一生都值得去付出心血和精力的事業，而樹立智慧的理財觀念更是理財路上最重要的一步。

然而，隨著個人消費越來越多，有人收支嚴重失衡，甚至達到入不敷出的地步。究竟該如何理財，如何才能合理支配自己的薪資，成為困擾現代人的熱門問題。

什麼是正確的理財觀念呢？

不少人都片面地以為理財就是生財，就是投資增值，只有那些富翁才需要理財。

其實這是一種狹隘的理財觀念，生財並不是理財的最終目的。

理財的目的，在於科學有效地管理錢財，使個人的資金處於最佳的運行狀態，從而提高生活的品質和品位。足球隊教練米盧曾經說過：「態度決定一切。」你是否有一個正確的理財理念及態度，將決定你以後的許多決策，將決定你是在理財還是在「敗財」。

如果沒有正確的理財理念，即便你懂得高深的理財技巧，也可能起到相反的作用；理念不對，理財技巧就得不到很好的運用。現在我們來看看在生活壓力日益增加，競爭日益激烈的社會中，具體的理財觀念包括哪些內容。

保持健康

健康是生命的主題，是事業的資本，是幸福的源泉。雖然健康不是一切，但沒有健康就沒有一切。

人們創造人生輝煌，享受生活樂趣，就必須珍惜健康。可以說，健康的身心是生命品質的可靠保障。如果身體健康不上醫院不吃藥，自然就能省下一大筆錢。而一旦身體出現問題，上一次醫院少則幾百元，多則上萬元，將多年積蓄用光，嚴重的甚至會傾家蕩產。所以說，保持健康是最重要的，只有健康才是最大的節約。

現在有很多有作為、有才華的人，或許正處於事業頂峰，還未完成自己的事業，就永遠地離開了人間，這是人生的一大悲劇，也是人生的一大遺憾。他們的悲劇為人們敲響了警鐘。

武裝頭腦，是賺錢的第一步

小慧和小美在大學時是同窗好友，畢業後又在同一個單位工作。

小慧腦瓜靈活，精明，工作期間做了兼職，而且理財有方，收入豐厚。

而小美的做法則與之相反，不僅不做兼職，而且薪資分文不攢，全用在了購買書籍和參加各種培訓上，甚至還借債幾萬元讀ＭＢＡ。後來，她拿到ＭＢＡ證書就辭職了，跳槽去了一家外企擔任高管，薪資一下子增加好幾倍。

由此看來，受教育的程度越高，得到的回報就越多，知識就是財富。年輕時把錢裝進口袋，不如裝進腦袋。

發現等於發財

社會在發展，時代在變遷。過去有許多不起眼的東西保存到了今天，可能就成為古董了。現在值錢的東西越來越多，例如古代的瓷器、錢幣、奇石、字畫、民間藝術品、傢俱、服飾、古書等，一旦有人發現了這些東西的身價，簡直會高興得合不攏嘴，好像挖到了一堆金元寶。

因此，在理財過程中還應該善於發現，隨時清理家裡那些不起眼甚至是積滿灰塵的物品，說不定就會有所發現，給你一個極大的驚喜。也許不是每個家庭都有可發現的東西，但有價值的東西被埋沒的家庭恐怕也不在少數。同時，在生活中，善於觀察，興許就會在不經意中發現商機。

破小財免大災

現在人們的保險意識逐漸增強，每個人都不希望自己發生意外，但「不怕一萬，只怕萬一」，無論在哪裡，安全都是最重要的。

平時開車，注重安全駕駛；從大人到小孩，從用電到用火，從電器到照明，都要充分做好安全防範工作；家用電器，如電冰箱、熱水器、電磁爐等，當出現老化、破損、陳舊、超期等狀況時，就及時調換，不能為了省錢而將就使用，使之存在安全隱患。同時，儘早為家人購買壽險和醫療險（包括人身意外險、大病險等保險），讓保險成為理財工具，成為應對風險的保障。

在投資中，最適合自己的就是最好的

有些人因為經過股票市場的大跌後，大有「一朝被蛇咬，十年怕井繩」的戰戰兢兢，有風險的投資一律點滴不沾，以為這樣就是最安全的。但ＣＰＩ的持續創新高，也讓不投資變成了不安全。

正確的心態是既要有風險意識，又不一味地懼怕，應該正確地評估自己的風險承受能力。不同的人，投資的方式不同，投資之前要根據投資方向的不同和自己的風險承受能力，來選取適合自己的投資方式。

拒絕貪婪和盲目

在任何投資中，高收益都伴隨著高風險，如果想要降低投資的風險，就需要堅持中長期的投資理念，在追求財富的過程中，人們常犯的兩大錯誤是貪婪和盲目，千萬不要抱著一夜暴富的心態。

同時，不要將雞蛋放在同一個籃子裡，分散投資的方式也是降低風險的最佳途徑。此外，在投資之前要先設定止損和止盈。為了防止更大的損失，在能接受的損失範圍內儘早停止投資。

區分投資和理財

投資和理財是兩個不同的概念，很多人對此混淆不清。

投資是運用一些工具，以收益的最大化為目的，讓有限的財富得以擴大，因此投資是實現理財目標的重要手段和方式。

而理財是善用個人的所有資源來完成人生各個階段的財務目標，是一種長期的規劃，令財富保值增值，不僅僅為了賺錢，更不是單純的投資。

理財要求資金的安全性應放在第一位，贏利性放在第二位。

有句俗語說：「人兩腳，錢四腳，用錢追錢，比人追錢要快得多，而且省力得多。」在現代社會，如果還按照傳統的思維方式支配自己的行為，不去打破常規，那就會越走越艱難。

因為能否賺錢，並不在於你有多少錢，也不在於你投資多少錢，而是你敢不敢去把握社會發展的先機，開發你的天賦與潛能以智理財。有了以上的觀念，相信你會對理財有一個全新的認識。

有錢不置半年閑

錢只有在流通的過程中才是錢，它的價值只有在流通的時候才體現出來，否則只是一疊品質上乘的廢紙。有錢不置半年閑，這是一句老話，也是投資理財的秘訣，更是一種資金管理的科學。聰明的投資者深深瞭解這個道理，他們總是堅持讓金錢流動起來，在各個領域投資增值。所以我們也要像他們一樣，扔掉自己的存錢罐，讓死錢變活錢，讓金錢在流動中充分增值。

現在我們來看看猶太人普利茲是怎麼做到「有錢不置半年閑」的。

普利茲出生於匈牙利，十七歲時到美國謀生。從美國軍隊退役之後，便開始探索創業路子，經過反覆觀察和考慮後，他決定從報業著手。

為了搞到資本，他自行做工積累資金，然後又設法籌得一些資金。為了在實踐中累積經驗，他又千方百計地在聖路易斯的一家報社謀求了一份記者的工作。為了實現自己的目標，普利茲忍受著老闆的剝削，全身心地投入到工作之中。幾年之後，普利茲對報社的運營情況瞭若指掌，於是他用自己僅有的積蓄買下一家瀕臨倒閉的報社，開始創辦自己的報紙——《聖路易斯快訊郵報》。

普利茲自辦報紙後，資金嚴重不足，但他很快就渡過了難關。十九世紀末，美國經濟開始迅速發展，很多企業為了加強競爭，不惜投入鉅資進行廣告宣傳。普利茲盯著這個焦點，便把自己的報紙辦成以經濟資訊為主的報紙，加強廣告部，承接多種多樣的廣告。就這樣，他利用客戶預交的廣告費使自己有資金正常出版發行報紙。

於是，他的報紙發行量越多廣告也越多，他的資金進入良性循環。沒過幾年，他就成為美國報業的巨頭。

普利茲能夠從兩手空空到腰纏萬貫，是一位做無本生意而成功的典型。普利茲創業時身無分文，靠打工賺錢，然後以節衣縮食省下極有限的錢，並且一刻不閒置地讓金錢流動起來，發揮更大作用。這就是「有錢不置半年閑」的體現，是成功經商的訣竅。因此，要想賺取金錢，收穫財富，使錢生錢，就得學會讓死錢變成活錢。

千萬不可把錢閒置起來，當做古董一樣收藏，而要讓死錢變活，就得學會用積蓄去投資，使錢像羊群一樣，不斷地繁殖和增多。最大限度地讓金錢流動起來，合理的投資會讓金錢增值得更快！

認識到這一點之後，我們應及早地進行投資，在投資中盡可能地讓金錢流動起來。總之，金錢是一種可伸可縮的資源，一定要讓它流動起來，讓它在流通中成為搖錢樹。然而，有些人刻意地扼殺金錢天生具有的擴張魔力，將其全部儲存起來。這樣做除了阻礙金錢的流動之外，還能給自己帶來什麼好處呢？你將永遠無法享受金錢帶來的快樂。

向名人理財觀看齊

隨著全球經濟的迅猛發展，發財致富的人不斷湧現，但世界級的富翁卻很少見。在茫茫人海中，最富有的不是巴菲特，就是比爾．蓋茨。我們來看看這些名人創造財富的經歷，向他們的理財觀看齊。

世界首富比爾．蓋茨致富的速度快得驚人，僅用十三年時間就積累了富敵數國的龐大資產，美國的傳媒常常不由自主地將他神化。

比爾．蓋茨曾經連續三年穩坐全球首富的位置。但在二〇〇一年美國高科技泡沫破滅，微軟公司股票的價格比二〇〇〇年下降了百分之六十三。因此，比爾．蓋茨在世界富豪排行榜中喪失了首富地位，所擁有的資產也損失了將近兩百億美元。但他並沒有灰心喪氣，反而對未來的新經濟充滿信心。事後，比爾．蓋茨依然將大部分的錢投資在微軟公司的股票上。

針對他的這一做法，在美國某報刊上也得到專家的好評說，如果微軟公司股票回升，比爾•蓋茨就會輕而易舉地賺進一把，不難再次登上明天的世界富豪排行榜的首位。實際上，微軟公司的股票價格二〇〇三年初已回升了百分之五十六。

比爾•蓋茨成功的秘訣是「不把雞蛋全放在一個籃子裡」，這也是他投資最為聰明之處。他看好新經濟，但同時也認為舊經濟有它的亮點，也向舊經濟的一些部門投資。比爾•蓋茨進行的是分散風險的投資。他擁有股票和債券，並進行房地產的投資。同時還有貨幣、商品和對公司的直接投資。

據悉，比爾•蓋茨把兩個基金的絕大部分資金都投在了政府債券上。在他股票以外的個人資產中，美國政府和各大公司的債券所占比例高達百分之七十。其餘部分的百分之十直接貸給了私人公司，百分之十投到了其他股票上，百分之十則投在了商品和房地產上。

從比爾•蓋茨的事例中，我們不難看出，不管是股票、基金、期貨，還是房地產、黃金、儲蓄等，都切記不能「把雞蛋全放在一個籃子裡」，否則，不但賺不到錢，甚至還會血本無歸。

理財，對於每一個人來說都是至關重要的。因為生活離不開錢財，所以學會理財是給自己賺錢的法寶，也是給自己生活增值的重要手段。

世界另一富豪巴菲特，之所以在人類投資的名人錄上佔有重要的位置，是因為他一直堅守著一個不外傳的秘密，那就是，他從不做自己不熟悉的生意。

在股市上，他永遠只對自己熟悉的股票感興趣。「做熟不做生」一直是生意人不外傳的法寶之一。但是，現在的人理財意識越來越強了，相當一部分人投資理財時有「跟風」的趨勢。比如說，看別人炒房掙了錢，自己也準備炒房；聽說別人炒股賺了，趕緊也去買股票；發現買基金的人不少，又拿出老本，跟著買基金……這樣折騰來折騰去，賺賺賠賠，到最後還是一場空。因為他們總是被動地投資，從來沒有想過自己是否對那些投資領域有所瞭解。

要知道投資大師只投資於他熟悉的領域，而一般的投資者是很少認識到盈利的機會存在於他自己的專長領域裡的。投資大師用自己的投資標準觀察投資世界，只看那些他自己真正熟悉的投資對象。

在做任何一項投資前都要仔細調研，在自己沒有瞭解透、想明白之前不要倉促決定。常言說：隔行如隔山。若是在其他場合，僅僅是不懂而已，也沒什麼，但在投資市場中，就意味著血本無歸了。

看到別人炒股是賺錢的，等到自己做了，卻發現只有賠錢的份兒。因為每種投資方式都有自己的特點和規律，如果你不熟悉它們是難以掌握這些東西的。「熟能生巧」在投資理財中一樣適用。在股票市場裡，有人賠錢才有人賺錢，你不熟的話就處於劣勢，除非你很有錢，能賠得起、交得起學費。所以不管你投資什麼，一定要做熟不做生！

將比爾·蓋茨和巴菲特的經驗結合在一起，知道自己在做什麼，熟悉自己想做的事情之後再作決定，這樣才會降低投資風險，對自己的投資有信心，使投資有回報。

會賺錢不如會理財

在當代社會，有很多人都會有這樣的想法：我的收入高，只要能賺錢就行了，幹嗎費這麼大的勁兒去理財呢！

當然，如果你收入很高，花費不是很大的話，那麼你確實不用擔心沒錢買房、結婚、買車，因為你有足夠的錢來解決這些問題。但是僅僅這樣你就真的可以高枕無憂了嗎？要知道理財能力跟賺錢能力往往是相輔相成的，一個有著高收入的人應該有更好的理財方法來打理自己的錢財，為的是留住自己的錢財，讓它升值，從而進一步提高自己的生活水準，為挑戰下一個「目標」而積蓄力量。

會賺錢不如會理財，一個人再能賺錢，如果他不會理財，那他賺的錢就只能是別人的，因為他總是賺多少，花多少，錢總是流向別人的口袋，永遠不屬於自己。

如果你並不打算有更具挑戰性的生活，那麼你確實可以「過平淡日子」。但是假如你想要開一家屬於自己的公司，或想做一些別的投資，那麼就需要理財，你也會感覺到理財對你的重要性，因為你想要進行創業、投資，這些經濟行為意味著你面臨的經濟風險又加大了，你必須通過合理的理財手段增強自己的風險抵禦能力。在達成目的的同時，又要保證自己的經濟安全。

那麼，怎樣才能改變這種毫無積蓄的處境呢？針對這種現實情況，理財專家總結出了以下經驗：

量入為出，掌握資金狀況

俗話說「錢是人的膽」，沒有錢或賺錢少，各種消費的欲望自然就小，手裡有了錢，消費的欲望立刻就會膨脹。

現在隨著薪資的不斷提升，人們的生活水準也會隨之得到提高。不過，生活水準的不斷提高是需要付出代價的。由於生活方式變得越來越講究，如果有一天，你想要改變這種生活，就會變得沒那麼容易，因為你需要賺更多的錢，來維持高水準的生活方式。

為了能夠改變這種生活方式，從現在起，你要學會削減各類開銷，控制自己的消費欲望，特別要逐月減少「可有可無」的消費，然後可對開銷情況進行分析。

強制儲蓄，逐漸積累

可以先到銀行開立一個零存整取帳戶，每月發了薪資，首先要考慮到銀行存錢；如果存儲金額較大，也可以每月存入一張一年期的定期存單，一年下來可積攢十二張存單，需要用錢時可以非常方便地支取。這種「強制儲蓄」的辦法，可以使人改掉亂花錢的習慣，從而不斷積累個人資產。

多元化投資，一舉三得

進行廣泛多元化的分散投資，不僅會降低投資的風險，同時還可以保證你總能持有一些市場上最熱門的投資。如果當地的住房價格適中，房產具有一定增值潛力，可以辦理貸款，購買一套商品房或二手房，這樣每月的薪資首先要償還貸款本息，減少了可支配資金，不但能改變亂花錢的壞習慣，節省了租房的開支，還可以享受房產升值帶來的收益，可謂一舉三得。另外，每月拿出一定數額的資金進行國債、開放式基金等投資的辦法也值得採用。

別盲目趕時髦

追求時髦、趕潮流是現代人的共同特點，當然這也是需要付出代價的，你辛辛苦苦賺來的薪資就在追求時髦中打了水漂。其實，高科技產品更新換代的速度很快，這種時尚你永遠也追不上。

作為新時代的人，更好地享受生活本無可非議，但凡事講究適度，講究科學，既會理財又會賺錢，不要被「賺錢就是為了花」的觀點所左右，否則如果沒有好的理財理念，就算付出了很大的代價，到頭來你的財富也不會獲得很大的增長。

智慧是賺錢的資本

在市場經濟日益繁榮的今天，人們的理財意識越來越強。為了成功致富，人們紛紛想盡各種辦法進行創意，想以思路決定出路從而決定財富。好思路是事業成功的根本保證，好創意就是一種財富。

有什麼樣的思路就有什麼樣的財富，不少成功的人就是靠某個奇思妙想並且付諸實施而致富的。在市場經濟條件下，只有不思進取的思想，沒有飽和的市場；錢並不難賺，難的是創造出獨具匠心、別具一格的思路。其實，無論是思路還是創意，都是智慧的象徵，智慧是賺錢的資本，是我們創造財富的前提。

每個人都不是天生的富翁，每個人也都不是天生就具有賺錢的稟賦，只是因為有些人具備先天的聰明，加上後天的勤奮，以及善於觀察生活中的點滴，善於從平凡的生活中產生好創意。

因此，只要我們在日常生活中學會細心觀察，多多思考，處處留心，對事物的認識進行挖掘，或許就會產生一個好的創意。

打開了思維模式的束縛，充分發揮了自己的聰明才智，用新思路去指導自己投資理財，那麼就會達到期望值並往往會出人意料地獲得成功。

下面我們來看幾個創意，看看別人是如何利用智慧這個賺錢的資本的。

「地圖手帕」專賣店

有人在東京鬧市區開了一家手帕專營小店，起初生意還可以，但到後來，附近新建幾家大商場，影響了小店的生意，手帕很快出現滯銷。

一天，一位遊客到小店問路，店主突然有了把手帕和地圖聯繫到一起的想法。於是店主立即著手，以較低廉的費用把東京的地圖印製在手帕上。

由於這種手帕既融入地圖功能，也沒有失去原有的作用，很快就引起遊人的興趣，銷量急劇增長，小店的生意又紅火起來。

店主趁熱打鐵，在市區開了幾家「地圖手帕」連鎖店。經營規模擴大，收益自然隨之增加。

顯然，店主把地圖與手帕結合在一起銷售，可謂別出心裁，充分顯示其獨特的創意。小小一張非常普通的地圖，有人就能獨闢蹊徑，靠它賺了錢。任何創意都少不了各方面知識的積累和靈活用腦、開放思維，這是產生新點子的基礎。

這就是一個智慧問題，就是靈活用腦；這就需要仔細觀察、敏捷思維、敢於創新。

「不許偷看！」飯店

有一家飯店的主人，為了宣傳和推銷自己的產品，他別出心裁地在大街上建造了一個非常漂亮的小屋，四周打圓孔，僅掛上一塊醒目的大牌子，寫著四個醒目的大字：「不許偷看！」但往來的人們禁不住好奇心，都忍不住從小圓孔處偷看。

偷看者的眼睛通過小圓孔看到的是「美酒飄香，請君品嘗」的字樣，而其鼻子所在的位置，恰好是一瓶敞開蓋的香飄四溢的美酒。

當許多人看到後，都會捧腹大笑，他們一笑之後，都為老闆的聰明才智所折服，並在潛意識中認為這裡的酒必定有與眾不同的地方。於是，便信步走進這家酒店裡一飲為快。因此，這家酒店的生意比別家的興隆。

正是「不許偷看！」這四個字成功地利用了人們的好奇心和逆反心理，越是不許看也就越好奇、越想看。這一看就正合店主的心意，這就是成功的獨闢蹊徑的創意絕招。

現今，由於消費者求新的心理，消費需求市場日趨激烈的競爭，科技的不斷進步，都使創新成為必然之舉。作為一個投資人，如果總是安於現狀，缺乏創新，是很難賺到錢的。

要想創意就要打破常規，要打破傳統觀念的束縛，用辯證的、聯繫的、運動的思維方式去聯想、假設、創造，以求找到新的方法。

在生活中，類似這樣的利用智慧打開商路的事情有很多很多，成功的關鍵是要有新的思路，敢於創新。創新的內涵極為豐富，它不僅包括技術、產品，還包含管理模式、行銷策略、經營理念，等等。

創意學者奧斯本提出了產品創新的九個關鍵字，即新用途、模仿、改變、擴大、縮小、代替、轉換、顛倒、組合，對於啟迪思維、創造發明非常實用。如就新用途而言，典型的例子是探討發泡技術的新用途。

發泡技術最早應用於麵包，後來美國商人用之於橡膠，於是橡膠海綿誕生了；德國商人則製造成泡沫塑料；日本的鈴木信一則發明了氣泡混凝土，隔音保暖性能俱佳；日本一肥皂廠又利用發泡技術製成洗澡時不沉沒的「浮游香皂」，被人們爭相購買。

身在商場中不懂得創新，不會用新的思路看待問題，顯然是行不通的。很多商人的成功並不是用了什麼特殊手段，只不過是他們比常人多想了一點，多看了一點，多用了一些智慧，可就是這麼一點點讓他們賺了大錢。所以，智慧是賺錢最好的資本。

個人理財成功秘訣

美國著名理財專家大衛・金恩認為，富人與窮人在理財上有著兩個巨大的不同點，而這會對人們能否致富有著深遠的影響。

首先是如何管理金錢。富人對金錢的管理是看重於有效性。如果一個人能夠有效地管理自己的錢財，合理地節省並有效地投資，他的財富就會一點點增多，而善於管理錢財的人最後自然會比不善於管理錢財的人富有。

其次是窮人賺錢主要用於消費，而富人賺錢大多用來投資。富人會將金錢作為資本，投資於能增值的項目，如股票、基金、房地產、黃金或其他有價值的資產。窮人則視金錢為消費的手段，他們往往將錢花在貶值的物品上，如汽車、電視。

當有人問到理財致富的秘訣，回答卻很簡單，大多是長期精明投資、勤奮努力和節儉樸實。雖然這些秘訣聽起來語不驚人，但裡面所蘊涵的深刻道理卻值得我們每個人深思。

秘訣一：及早養成好習慣

很多人在年輕時就過度依賴信用卡借貸，結果是借貸吃掉儲蓄，永遠省不下錢。人要想生活得富裕，在年輕時就不要想什麼就買什麼，讓自己被物欲的滿足所操縱。在年輕時，如果能早早養成好的理財習慣，賺的錢才會留在自己的口袋裡，也才會真正成為富人。

秘訣二：對自己有信心

「三十歲以前賺到一百萬」一書的作者寇里年輕時幾乎把市面上所有能找得到的百萬富翁傳記和自傳都讀遍了，並從中得到啟發開始投資房地產，結果二十多歲就成為百萬富翁。寇里說，他是通過讀書來尋找這些富人在事業上成功的共同特點，這樣可以幫助自己選擇最適合個人的致富道路。最後他發現，幾乎所有的富翁都有一個共同特點，就是有無比的自信心，相信自己絕對可以在財務上有大成就。

秘訣三：誠信

一個人值得很多人信賴和有很多人值得自己信賴是兩筆巨大的財富。因為人家不相信你，怎麼會和你有生意來往呢？個人看重誠信，銀行更重信用。在當今社會，要做一個投資理財的高手，建立個人良好的信譽度和口碑是非常重要的！

秘訣四：「財商」

如果你要成為金錢的主人，你就需要比金錢更精明，然後金錢才能按你的要求給你辦事，這樣你就成了金錢的主人，而不是它的奴隸。平常多學一點財務知識，最主要的是要學會看會計報表，要知道現金流是怎麼回事。比方說，如果你想購買某公司的股票，你就必須通過會計報表至少瞭解其以下資料：總資產、每股淨資產、未分配利潤、淨負債、銷售收入、淨利潤、每股收益率、企業資產負債率，等等。同時要有成本意識，要努力做到用最低的投入實現最大的回報。

秘訣五：要學會用錢去賺錢的技術

不要為了錢去拚命工作，而要學會讓金錢為你拚命地去賺錢。投資理財就要學會把資金投資到最有效率的地方，也就是說投資到回報率最高的地方。但不管選擇怎樣的投資方式，都是有技巧的。要想賺錢，就要多學習賺錢的相關知識，想要賺更多的錢，就要學會用錢賺錢。

秘訣六：要眼觀六路，耳聽八方，要有敏銳的市場眼光

要賺錢就需要經常深入市場，瞭解價格資訊，瞭解市場的供給和需求狀況，關心國家的政策變化，有時還得關心國際的政治、經濟動向。市場價格千變萬化，不管是做常規生意還是買房、炒股、買基金等投資理財活動，如果沒有敏銳的市場眼光，那就只能靠碰運氣，但靠碰運氣是非常危險的。

秘訣七：勤奮工作

很多人都認為富翁們之所以有錢，大多是碰到好運氣。但是億萬富翁川普在他的新書《像川普一樣思考》中認為自己成功並不是靠運氣，川普認為自己成功的最基本原因不是別的，而是勤奮工作。他說，勤奮會帶來好運，因為勤勞多半會導致成功。就算是如此，也是因為你運氣夠好，自己聰明到知道要工作勤奮。

秘訣八：逆向投資

在投資方面應與大多數人逆向而行。如果現在股票跌得慘，很多人拚命賣出，如果敢逢低承接，一年半載之後就可能是大豐收。這樣的投資法也不僅限於股票市場。對於很多年輕人而言，關鍵是要形成投資的觀念。華人有儲蓄的觀念，但投資的觀念卻比較淡薄。

秘訣九：買保險以保護財產

很多人之所以破產，常常是因為離婚、家人去世、因傷殘疾病或家人無法工作，有的人也會因為家中遭遇不測而使半生的心血付諸東流。反過來想，為這些不可預知的事故買保險則能保障自己的財富。

秘訣十：量入為出

即使是阿姆這樣的大明星都會精打細算而不亂花錢。

有一次阿姆看到一隻他非常喜歡的腕錶價值一萬五千美元，他很想買下來。但是他後來認為，還是應該把錢留下來。很多大明星就是因為沒有這種想法，結果落得一身債。

百萬富翁史密斯說，她的理財經驗是不要為了趕時髦每月把賺的錢都花光，而是想辦法將收入的百分之十至廿五節省下來。要做到這一點，就不要跟風，不要買那些所謂象徵身分地位的物品。

在當今世界上，幾乎沒有人不想成為富人，但成為富人不一定是運氣好，從以上十個秘訣中我們可以看出，一個人要想成為富人或是取得成功，最需要的是有聰明的頭腦，聰明的頭腦會使人形成良好的習慣，而這種良好習慣又會導致財務上的充裕，使人能過上自己喜歡的生活。

理財面前，人人平等

現代社會很多年輕人覺得理財是有錢人的專利，與自己的生活無關。然而理財不是富人的專利，而是人人必備的生活理念。

無論收入是否真的很充足，都有必要理財。因為收入越高，理財決策失誤造成的損失也就更大。而如果收入不高，那麼就更需要理財了，因為可能會面臨買房、裝修、結婚的事情，或者家人忽然得了病，需要很多錢來醫治，想到這些，就要有足夠的風險意識，懂得未雨綢繆，遇到問題時就不會那麼措手不及。

所以，不論你收入如何，都有必要理財，合理的理財能增強你和你的家庭抵禦意外風險的能力，也能使你的生活品質更高。所以，我們說，在理財面前，人人平等。

我們要知道：理財不是有錢人的專利，越是沒錢的人越需要理財。不論貧富，理財都是伴隨人生的大事，越窮的人越要積極行動，通過不斷的積累，改變自己的人生。因此，必須先樹立一個觀念，不論貧富，理財都是伴隨人生的大事，在這場「人生經營」過程中，收入越低的人就越輸不起，對理財更要嚴肅而謹慎地去對待。

「理財投資是有錢人的專利，大眾生活資訊來源的報紙、電視、網路等媒體的理財方略是服務少數人理財的『特權區』」。如果你有這種想法，那就大錯而特錯了。當然了，在芸芸眾生中，所謂真正的有錢人畢竟占少數，中產階層、中下階層仍占絕大多數。理財是與生活休戚與共的事，沒有錢的人或初入社會又沒有一定固定財產的「新貧族」都不應逃避。即使捉襟見肘、微不足道也有可能「聚沙成塔」，運用得當更可能有「翻身」的機會。

財富能帶來生活的安定、快樂與滿足，也是許多人追求成就感的途徑之一。適度地創造財富，不要被金錢所役使是每個人都應有的中庸之道。要認識到，「貧窮不可恥，有錢亦非罪」，不要忽視理財對改善生活、管理生活的作用。

從理財經驗和市場調查的情況綜合來看，理財應「從第一筆收入、第一份薪水」開始，即使第一筆收入或薪水中扣除個人固定開支及上交家庫之外所剩無幾，也不要低估微薄小錢的聚積能力。一千萬元有一千萬元的投資方法，一千元也有一千元的理財方式。絕大多數的工薪階層都從儲蓄開始累積資金。

一般薪水僅夠糊口的「新貧族」，不論收入多少，都應先將每月薪水撥出百分之十存入銀行，而且保持「不動用」、「只進不出」的狀況，如此才能為積累財富打下基礎。

假如你每月薪水中有五百元的閑餘資金，在銀行開立一個零存整取的帳戶，不管利息多少，二十年後僅本金一項就達到十二萬了，如果再加上利息，數目就更不小了，所以「滴水成河，聚沙成塔」的力量不容忽視。

當然，如果嫌銀行定期存款利息過低，而節衣縮食之後的成果又稍稍可觀，也可以開闢其他不錯的投資途徑，或購買國債、基金，或涉足股市，或與他人合夥創業等，這些都是小額投資的方式之一。

總之，要注意日積月累，積少成多，不要輕視小額資金，懂得充分運用，時間一長，其效果就自然驚人。最關鍵的起點問題是要有一個清醒而又正確的認識，樹立一個堅強的信念和必勝的信心。再次提醒大家：不要認為理財是有錢人的專利，理財先立志，理財從樹立自信心和堅強的信念開始。

第二章

理財不能太心急

——理財中的靜心智慧——

理財要一步一步地來，不能著急，更不能心急火燎。
在理財之前，你首先要瞭解一些必要的理財知識，
這樣才不會在理財的過程中面對陌生的術語一頭霧水，
同時要培養自己的理財素養，切忌跟風或是一哄而上的不理智行為。
只有靜下心來，才能作出最切實可行的理財決定。

明白自己為什麼要理財

理財是人生大計，但在真正開始理財前要明白自己理財的目的。理財不能心急，在理財前，要靜下心來好好想想，自己理財的目的是什麼，目的想得越清楚明白，越有利於理財計畫的實施。一般而言，人們理財的目的主要有以下幾點：

讓資產增值

資產增值是每個理財者共同的目標，理財就是將資產合理分配，並努力使財富不斷累積的過程。但是我們也應該明白，財富增值並不是最終的理財目標，而是我們達到人生目標的手段。

理財分為財富的積累、財富的保障、財富的增值、財富的分配四個階段，不同的年齡段有不同階段的理財需求。

比如剛剛畢業的年輕人，處於財富積累階段，他們最大的投資應該是自身投資，比如多參加一些培訓，擁有更多的本領以便於賺更多的錢。而對於一些有經濟實力和投資能力強的人來說，則應對資產的增值確定一個具體的數目。

保證老有所養

隨著老齡化社會的到來，及早制訂適宜的理財計畫，保證自己晚年生活獨立、富足，是現代人所面臨的共同問題。養老計畫中要考慮退休的年齡、預計退休後每年的生活費用、預計通貨膨脹率、預計退休後每年的投資回報率等問題。

保證資金安全

資金的安全包括兩個方面的含義：一是保證資金數額完整；二是保證資金價值不減少，即保證資金不會因虧損和貶值而遭受損失。

真正的投資者，是要有一種節制態度，不是賺得越多越好，而是要清楚理財產品的風險和收益情況。比如投資股票和基金，好的情況可能有百分之幾十的收益率，但壞的情況可能會賠掉百分之幾十，上下限是很寬的。而像銀行理財產品，最好的收益可能並不高，只有百分之幾，至少本金不會損失，它的上下限就很窄。

但好與壞發生的機率是有時間性的，可能一段時間很多人去買基金，就是人們普遍認為它發生不好情況的機率比較低，或者說一到兩年之間發生不好情況的機率比較低，但兩年之後，可能出現壞情況的機率就比較高了。

所以我們不但要對機率的風險性有很好的把握，對機率的時間性也要有一定的認識和把握。

提供贍養父母及撫養教育子女的基金

「老有所養」、「幼有所依」是自古以來的傳統，現代社會這兩方面的成本都很高，對我們每個人來說都是不小的挑戰。父母的年齡、父母退休的時間、子女目前的年齡、預計上大學的年齡、有無留學計畫、去哪個國家讀書、大概需要多少錢等，這些都是投資目標。

防禦意外事故

正確的理財計畫能幫助我們在風險到來的時候，將損失最大可能地降低，比如意外傷害。所謂意外傷害是指非本意的、外來的、不可預料的原因造成的身體遭到嚴重創傷的事件。

由於意外風險不可預料，使得它對家庭的傷害就很大，讓人備感生命的脆弱。所以理財的過程中應該考慮意外的事故，如大病、自然災害，等等。為了達到這樣的目的，我們可以購買保險等來預防意外事故的發生。

提高生活品質

經濟狀況的逐漸改善，是提高生活品質和增加生活樂趣的基本保證。我們投資理財的目標就是使我們的財務狀況處於最佳狀態，滿足各層次的需求，從而擁有一個幸福的人生，這也是我們理財的最終目標。

事實證明，金錢並非是獲取成功的唯一條件。人貧窮的根源，歸根結底是由於思想的貧窮。所以，要想富起來，首先就要讓你的頭腦靈活起來，弄清楚自己理財的真正目的是什麼。

根據理財的這幾個目的，理財的基本思路應該是：先積累、再保險、再應急、然後是還貸，最後才是投資和消費；而不應該按相反的順序來理財。目前，可能有大部分的人都是先消費、再投資，最後還貸款，不保險。這些做法是不可取的。另外，要克服理財就是為了獲得高收益這一思想誤區。理財目的是「梳理財富，增值生活」，通過梳理財富這種手段來達到提升生活水準的目的。

明白了自己為什麼要理財，才能更努力地學習理財知識，掌握理財的方法，選擇適合自己的理財產品以獲取回報。同時，也能避免人們進入理財誤區。

養成理財的好習慣

每個人的財富實現都歸因於良好的理財習慣，任何人的財富成就都不是一蹴而就的，都經歷過由少到多，由小變大這樣一個艱苦的積累過程，幾乎每個後來成為富翁的人都有良好的理財習慣。

那麼，怎樣成為一個會理財的人？

下定決心開始「自己」理財

大部分人認為「理財」等於「不花錢」，進而聯想到理財會降低花錢的樂趣與生活品質。理財真的會剝奪生活的樂趣和品質嗎？答案當然是否定的，不僅不會，而且成功的理財還能為你創造更多的財富。理財並不是一件困難的事情，困難的是無法下定決心理財。如果你永遠不走出這第一步，就將會一直面臨財務困境。

財務獨立

下定決心自己理財以後，接下來要做的就是將你自身的財務獨立起來。這裡所說的「財務獨立」是指「排除惡性負債，控制生活成本和良性負債，理性地投資」。

財務獨立的第一步是控制惡性負債。惡性負債是人為不可控制的負債，例如生病、意外傷害、車禍、地震及颱風等，這些都屬於惡性負債。所以財務獨立的第一步就是買一份適合自己的保險，能將意外帶來的金錢損失轉嫁給保險公司，讓你打拚無後顧之憂。

財務獨立的第二步是控制生活成本和良性負債。生活成本和良性負債就是自己能夠控制的生活成本和負債，例如日常生活開支、娛樂費、子女教養費、房屋貸款及汽車貸款等都是可以控制的。

對剛進入職場的新人來說，前幾年所選擇的生活方式有可能影響未來的生活模式，例如選擇在外租房子、生活花費高的人，每月結餘的錢就很有限，還有可能發生負債的情形；對於選擇與家人同住、生活花費低的人，每月結餘的錢就相對比較多，而且還可以拿出大部分積蓄從事投資。因此，一定要學會控制生活成本和良性負債。

財務獨立的第三步就是從事理性的投資。理性的投資是指投資人瞭解所想投資標的內涵與其合理報酬後，所進行的投資行為。強調理性投資的重要性是因為投資不當會導致嚴重的後果。

學習理財投資

有人認為理財只有交給專家才最穩當。不錯，把理財交給專家的觀念是正確的。但在你把錢交給專家理財之前，還要確信這個「理財專家」是「真的」理財專家，而且有把握這個「理財專家」會以你的最大利益為最終理財的目的。如果你沒有十足的把握，那麼自己學習理財知識就是必需的工作。

美國麻省理工學院經濟學家萊斯特．梭羅說：「懂得用知識的人最富有」。能否運用知識及掌握技術，是廿一世紀貧富差距的關鍵。因此，不論你理財要不要交給專家，建議你多少都要有理財方面的專業知識，因為這些專業知識能使你避免一些理財方面的陷阱，以免辛辛苦苦存下來的錢化為泡影。

設定個人財務目標及實行計畫

理財目標最好是以數字衡量，並且是你需要做出一點努力才能達到的。具體來說，就是先檢查自己每月可存下多少錢、要選擇投資報酬率是多少的理財工具、預計需花多久時間可以達到目標。因此，建議你第一個目標最好不要定得太難實現，所需達到的時間在二到三年最好。當達到第一個目標後，就可定下一個難度高一點、花費時間約三到五年的第二個目標。

養成良好的習慣

若不把理財當做一個習慣來養成，那麼在開始理財的初期可能會功虧一簣。因為理財最困難的時期，就是在剛開始理財的時候。通常剛下定決心理財的人，往往憑著滿腔的熱情，期待理財能馬上立竿見影、立即改善個人財務結構。但卻常常忽略了一點：初期理財的績效，是看不出有顯著的效果的。於是在一段期間後，對理財失望的情緒就澆滅了當初的熱情，並產生認知上的差距，所以原來設定的理財目標就硬生生地被放棄，也放棄了個人成功的機會。

定期檢視成果

不論做任何一件事，都要講究事前、事中和事後的控制。因為經過這些控制，才可以確定事情的發展是不是朝著我們既定的目標前進；若不是，也可以及早發現，立即作出修正。理財投資是有關錢的事情，切不可疏忽大意。

設定理財目標，擬定達成目標的步驟，就是理財的事前控制。「記帳習慣的養成」就是在做事中控制的工作。經過你自己前幾次的記帳記錄，就可以知道個人日常生活金錢運作的狀況。事後控制是指你個人理財投資計畫完成時所做的得失檢討結果，也是另一個階段理財投資規劃所需要參考的重要資料。

投資理財必備素養

素養是一個人平日必備的修養，財商是一個人在財務方面的智力。只有具備了良好的修養和較高的財商，才能正確地認識理財，把握投資理財的規律，最終取得成功。如果說財商有一定的先天因素，那素養就完全是後天養成的了。在生活中做一個精細的人，養成良好的素養，對投資理財有百利而無一害。

耐心

投資是件慢工出細活、欲速則不達的事，所以對於想快速致富的人，投資並不適合他。利用投資創造財富的力量雖然比我們想像得大，但是所需的時間卻比想像得久。投資能夠緩慢而穩健地致富，若用小錢投資，想在短時間內賺取巨大的財富，可以毫不客氣地說：這是絕對不可能的事！

投資需要耐心，耐心是投資者必備的素養之一。

華爾街股市操盤手傑西・利維摩爾曾說：「我操作正確，卻破了產。這是因為我看著前方，那裡有一大堆鈔票，我自然就快速衝了過去，不再考慮那堆鈔票的距離。在到達那堆錢之前，我的錢被洗得一乾二淨，我本該走著去，而不是急於衝刺，我雖然操作正確，但是卻操之過急。」他的話告誡投資者，投資時即使你的操作正確，也不能操之過急，一定要有耐心，否則會一敗塗地。

信心

成功的投資者之所以能夠成功，在很大程度上依賴於他們的信心。他們對於自己的成功都有堅定的信心，這種信心對許多人來說幾乎是頑固不化、不可理喻的。但就是因為這種信心，支撐著他們忍受了一次又一次難以承受的失敗打擊，堅持下去，一直到成功為止。

● 堅持自己的眼光

擁有信心固然重要，但是將這種素養在投資中運用更重要。要堅信自己的眼光，才有可能獲取財富。作為投資人，你的任務就是想辦法制訂好一套完整的合理的投資計畫，堅定自己的看法和計畫。巴魯克就是因為堅信自己而走向成功的一個人。廿四歲的青年巴魯克，憑著自己準確的判斷和鍥而不捨的精神，用借來的五萬美元在十年間滾出了億元身價，鑄造了以色列第一財務軟體企業的宏偉事業。

●相信自己

投資不是一項複雜的工作，它之所以被認為那麼深奧複雜，非得依賴專家才行，是因為投資人不知如何應付不確定的投資世界，不懂如何面對未知且不確定的投資環境，誤以為必須具有未卜先知的能力，或是要有高深的分析判斷能力才能做好投資。

因此，以專家的意見主宰你的投資決策是非常危險的，投資到頭來還是要靠自己。在投資上只要你做好市場調查，堅信自己的決定，你就能成為自己的投資專家。

變通

善於變通是投資者必備的素養之一，我們必須順勢而為，善於變通。在投資環境變化或者形勢變化的時候，我們的投資策略必須改變，否則就會吃虧。在投資中變通是一種很重要的素養，變通不僅僅是改變你的思維，而是在改變思維的同時緊緊抓住了賺錢的機會。因此，作為投資者要好好培養這種素養。

成功投資者的特質

●有成為投資專家的欲望

無論做什麼，沒有欲望是不可能成功的。缺少欲望，你會在碰到一點點困難時就打退堂鼓。必須指出：欲望必須以努力作為基礎，否則只是在做白日夢。

●具有自制力

培養和具有自制力同樣是說起來容易做起來很困難的事情。比如炒股是極其枯燥無味的工作。有人也許會說：「我炒過股，我並不這樣認為。」這是因為你把炒股當成消遣，沒有將它當成嚴肅的工作。每天收集資料，判斷行情，將其和自己的經驗參照後訂好炒股計畫，偶爾做做或許是興奮有趣的事，但長年重複同樣的工作就是「苦工」。你不把「苦工」當成習慣，你在這行成功的機會就不大。你必須培養自己的自制力，否則想成功是很難的。

●具備鍥而不捨的精神

鍥而不捨，說來容易，做起來難。什麼是鍥而不捨的精神？它是指有恒心、有毅力，不懼怕任何困難。如果誰認為他能在股市一夜成名，一夜暴富，他一定是在異想天開。即使他運氣好，一進場就賺了一筆，這筆錢來得很容易，但這只是股市暫時借給他的，他如果不即刻「上岸」，股市遲早會向他討回去。想從股市不斷賺到錢，你必須有知識，有經驗，你必須具備鍥而不捨的精神。

有一套適合自己的投資模式

俗話說「條條道路通羅馬」，在投資市場中，「羅馬」就是累積財富，成為成功投資者，而「道路」就是你自己的方法。什麼道路並不重要，重要的是這條道路必須符合你的個性，你走起來輕鬆愉快，你有信心能走得更遠。在這基礎上你才會對自己的方法有信心，最終不斷完善自己的方法以取得高效率。

一般地說，成功的投資者都具備這些特質。你應該學習這些特質，當這些特質能夠融進你的潛意識裡，並加以正確運用時，你就有機會在投資市場上獲得成功了。

擅用金融知識武裝頭腦

在當今社會，金融知識已經成了人人不可不知的常識。不要小看這些知識，在很多方面，它們都有著大用處。瞭解必備的金融常識，武裝你的頭腦，為理財奠定良好的基礎。

複利

所謂的複利就是俗話說的「利滾利」，其計算公式是：本利和=本金×（1+利率）的期數次方。這個期數是和你的利率對應的，利率按年利率計算，期數就以年為單位，如十年、十五年。如果利率按月利率計算，那期數的單位就是月了。

要讓複利成為可觀的累積，需要具備四個條件：足夠數量的本金，好的投資管道，足夠的耐心和精力，最重要的一點——利率高。

泡沫經濟

泡沫經濟是一種虛擬資本過度增長，與相關交易持續膨脹，日益脫離實物資本的增長和實業部門的成長，金融證券、地產價格飛漲，投機交易極為活躍的經濟現象。泡沫經濟主要是指虛擬資本過度增長而言的。所謂虛擬資本，是指以有價證券的形式存在，並能給持有者帶來一定收入的資本，如企業股票或國家發行的債券，等等。虛擬資本有相當大的經濟泡沫，虛擬資本的過度增長和相關交易持續膨脹，與實際資本脫離越來越遠，形成泡沫經濟。

泡沫經濟寓於金融投機。正常情況下，資金的運動應當反映實體資本和實業部門的運動狀況。只要金融存在，金融投機就必然存在。但如果金融投機交易過度膨脹，同實體資本和實業部門的成長脫離越來越遠，便會造成社會經濟的虛假繁榮，形成泡沫經濟。

洗盤

投機者先把股價大幅度殺低，使大批小額股票投資者（散戶）產生恐慌而拋售股票，然後再把股價抬高，以便乘機漁利。

具體操作方法是，在股價拉升到某一階段，突然打壓股價，使投資者誤以為莊家在出貨，紛紛賣出股票，而莊家在低位全部吃進，等到賣盤稀少時，再往上拉抬股價，並促使前期出貨的投資者在高位重新買回籌碼。一般在一檔股票的拉升過程中，莊家要經過多次洗盤。

●倉位

倉位是指投資人實有投資資金和實際投資的比例。比如你有十萬元用於投資基金，用了四萬元買基金或股票，你的倉位是百分之四十。如果你全買了基金或股票，你就滿倉了。如果你全部贖回基金或賣出股票，你就空倉了。

如果目前市場比較危險，隨時可能跌，那麼就不應該滿倉，因為萬一市場跌了，你賣出可能虧，同時你也沒有錢買入，就很被動。通常，在市場比較危險的時候。就應該半倉或者更低的倉位。這樣，萬一市場大跌，你發現你持有的股票跌到了很低的價位，你可以買進來，等它漲的時候，再把你原來的賣掉，就可以賺一個差價。

●每股股利

每股股利是指股利總額與期末普通股股份總數之比，即每一股股票一定期間內所分得的現金股利。股利總額是指用於分配普通股現金股利的總和，這裡只考慮普通股的情況。

漲停板，跌停板

為了防止證券市場股票價格暴漲暴跌，避免引起過分投機現象，在公開競價時，證券交易所依法對當天市場價格的漲跌幅度予以適當的限制。即當天的市場價格漲或跌到了一定限度就不得再有漲跌，這種現象的專門術語即為停板。當天市場價格的最高限度稱漲停板，漲停板時的市價稱為漲停板價。當天市場價格的最低限度稱為跌停板，跌停板時的市價稱為跌停板價。

跳空

這是股價受利多或利空影響後，出現較大幅度上下跳動的現象。當股價受利多影響上漲時，交易所內當天的開盤價或最低價高於前一天收盤價兩個申報單位以上。當股價受利空影響下跌時，當天的開盤價或最高價低於前一天收盤價在兩個申報單位以上。或在一天的交易中，上漲或下跌超過一個申報單位。以上這種股價大幅度跳動現象稱為跳空。

「算計」好你的婚姻——婚姻理財

婚姻是人一生中的大事。婚姻理財，看起來很簡單，其實是人生最大的投資，也是最重要的投資。如何選擇自己的配偶是非常重要的，選好了，你的生活美滿幸福，如不慎選錯了，是人生最大的失敗。在婚前婚後做一個精細的人，學會理財，學會「算計」，做一個婚姻幸福的人。

婚前財產約定

和過去不同，現在的年輕人，基本上都是自由戀愛結婚，他們眼中只有愛情，對彼此的經濟狀況瞭解得卻很少。結婚之後才發現很多令自己驚訝的事實，但往往為時已晚。那麼，怎樣在結婚前，讓戀人們對彼此的經濟狀況有一個全面、真實的瞭解呢？「婚前財產約定」是一個很好的方法。如果在結婚之前，雙方對各自的經濟狀況、消費習慣、家庭負擔和對婚後的理財問題都進行一番坦誠的交流，讓彼此事先瞭解各自對未來婚姻理財的期望值，就可以減少婚後很多不必要的麻煩，減少很多婚後的爭吵，免去了很多家庭矛盾。

「婚前財產約定」聽起來很沒有人情味，但是它非常實用。是對個人財產和生活方式的一種自我保護。就財產而言，婚姻是兩個人財產的結合和再分配，「婚前財產約定」為雙方做好了「以防萬一」的準備，在雙方無法共同生活下去，以致離婚時可以免去很多不必要的爭議，從而順利解決離婚時的財產分配問題。在現實生活中，有相當一部分婚姻是以離婚為結局的，所以做好「婚前財產約定」是很有必要的。

「婚前財產約定」包括雙方在結婚前各自擁有的存款、有價證券（股票、基金、債券）、不動產、公司股權以及債務等，是否在婚後歸夫妻雙方共有；結婚後家庭的理財模式；一旦離婚，財產如何分配等一些問題。

有些戀人的婚前財產相差比較大，還有一些人是再婚，也許有子女。對於這些人來說，進行「婚前財產約定」是一個明智的選擇。「婚前財產約定」應該以書面的方式進行，並要進行公證。也許有些人覺得沒有必要，兩個人既然選擇在一起了，就要同富貴，共患難。然而，天有不測風雲，如果出現分手的情況，與其因財產發生糾紛，不如有一個「婚前約定」。當然誰也不希望這樣的事情發生。

婚後理財

結婚之後，兩個人結合組成家庭，兩人的錢也就自然地合在一起了。那麼，究竟又該怎樣理財呢？很多人認為婚前婚後沒有多大差別，其實不然，作為家庭與單身不同，理財要有統籌規劃。由於新婚夫婦的理財觀不一樣，其理財的方式也各不相同。

●分目標理財

新婚夫婦對生活大多有明確的安排，因而，理財也要有目標。

如果新婚夫婦打算貸款買房，那麼，婚後應該戒掉婚前的不良消費習慣。首先應建立理財檔案，對一個月的家庭收入和支出情況進行記錄，然後對開銷情況進行分析，哪些是必不可少的開支，哪些是可有可無的開支，哪些是不該有的開支，特別要注意減少一些盲目消費項目。

其次，可以開通網上銀行，隨時查詢帳戶餘額，對家庭資金瞭若指掌，並隨時調整自己的消費行為。另外，還可以到銀行開立一個零存整取帳戶強制儲蓄，做到專款專用。

如果計畫要養育寶寶，那麼理財的方式又不一樣了。由於生孩子的費用以及孕婦和嬰兒的營養費用都是筆不小的數目，因此，計畫要生育寶寶的家庭應該每月進行定期儲蓄，同時對夫妻雙方的薪資收入做一個合理的分割，儲蓄一定的資金。這筆資金不僅要能夠保證寶寶以後的成長費用，同時還要兼顧隨時可能出現的意外，需要有一定的流動資金可供隨時支取。

●分類型理財

理財屬於激進型還是屬於穩健型，與新婚夫婦對理財知識掌握的程度、能力及偏好有很大關係。

激進型：這對新婚夫婦的要求較高。有的新婚夫婦由於在婚前本身就有投資，有較高的承受風險的能力，所以對婚後的理財也要求高收益。對此，理財專業人士認為，這類新婚夫婦可以將家庭資金適當投資到股票市場、股票類的基金以及一些雖然不保本但卻有高收益的理財產品中。

據介紹，這些產品的收益較高，但是風險也相對較大，因此要求投資者要有一定的投資知識，知道如何駕馭這些投資產品。專業人士建議，投資者不要同時將所有的資金都投到一種產品或是市場上，這不僅不利於分散風險，還容易「傾家蕩產」。

穩健型：這是懶人理財的好方式。現在很多人由於缺少投資理財的專業知識，又怕錢投進市場之後「血本無歸」，因此不願意投資一些風險大的理財產品。考慮到這類投資者對風險的承受能力有限，理財專業人士建議，可選擇一些穩妥的理財產品進行投資。這類產品包括銀行的定期存款、國債、穩健型基金、保本型的理財產品，等等。

有的新婚夫婦不僅在婚前做了財產約定：雙方在結婚前各自擁有的財產，在婚後繼續歸各自所有；而且婚後理財採用ＡＡ制。

據統計，ＡＡ制婚姻的離婚率不低。原因很簡單，婚姻是兩個人的結合，其中非常重要的一點，就是雙方財產的結合，而ＡＡ制是財產上的「同居關係」，同財產的結合根本就是兩回事。

ＡＡ制婚姻追求的是平均和平等，但平均和平等的基礎是實力和背景相當，包括：雙方收入相當、家庭背景相當、工作的穩定性相當、能夠共同發展（升職和加薪）、分擔的家務相當等。

一旦某種「相當」變為「不相當」，這種平衡就會被打破，隨後，婚姻關係也如影隨形地被打破了。

很多ＡＡ制婚姻都由於夫妻中一方婚後收入的減少、生育子女、贍養老人、失業等原因，最終導致婚姻瀕臨破裂的邊緣。此外，ＡＡ制婚姻對孩子的成長也會造成不良的影響。

如果你還沒有結婚，最好不要用ＡＡ制這樣的協議，這對自己的婚姻很不利。一個人婚姻理財經營得好壞，會直接影響他的一生，所以一定要慎之再慎！

不能不懂的專業術語——經濟知識

在新聞中，你可能會看到很多的專業術語，尤其是經濟方面的，與我們的生活緊密相關。

當面對這麼多的陌生術語時，你是否有一絲的困惑與難耐，既困惑於這些資料的增長到底給我們的生活帶來了什麼，又著急想去翻書來瞭解這些經濟知識？

在這一節，我們會為大家著重介紹CPI、通貨膨脹等經濟知識。

●CPI

CPI是消費者物價指數，是按照與居民生活有關的產品及勞務價格統計出來的物價變動指標，通常作為衡量通貨膨脹水準的重要指標。

CPI告訴人們，對普通家庭的支出來說，購買具有代表性的一組商品，在今天要比過去某一時間多花費多少。在日常生活中我們更關心的是通貨膨脹率，它被定義為從一個時期到另一個時期價格水準變動的百分比，公式為T=（P-F）/F，式子中T為一時期的通貨膨脹率，P和F分別表示先後兩個時期的價格水準。

如果用上面介紹的消費價格指數來衡量價格水準，則通貨膨脹率就是不同時期的消費價格指數變動的百分比。假如一個經濟體的消費價格指數從去年的一〇〇增加到今年的一一二，那麼這一時期的通貨膨脹率就為T=（112-100）/100×100%=12%，就是說通貨膨脹率為百分之十二，表現為物價上漲百分之十二。

如若在過去十二個月，消費價格指數上升百分之三，那就代表，你的生活成本比十二個月前平均上升百分之三，這也意味著，你的錢不如以前值錢了。

如果說，是股市的價值窪地吸引股民入市，是基金的蝴蝶效應帶領基民養「基」，那麼，CPI上漲則成為剩餘市民理財意識覺醒的助推器。

在實施理財前，一定要樹立正確的理財觀念，學習一定的理財知識，不跟風、不聽信傳言。對家庭的財務進行合理規劃，爭取在與CPI的賽跑中取得成功。

●通貨膨脹

通貨膨脹是讓自己的財富保值增值的動因。讓我們先來看一個小故事。

在第一次世界大戰後的德國，有一個小偷去別人家裡偷東西，看見一個筐裡裝滿了錢，他把錢倒了出來，只把筐拿走了。當時的德國，貨幣貶值到了在今天看來幾乎無法相信的程度。

第一次世界大戰結束後的幾年，德國經濟處於崩潰的邊緣。戰爭本來就已經使德國經濟凋零，但戰勝國又強加給它極為苛刻的《凡爾賽和約》，使德國負擔巨額的賠款。

德國最大的工業區魯爾工業區一九二三年還被法國、比利時軍隊佔領，可謂雪上加霜。

德國政府無奈，只能日夜趕印鈔票，通過大量發行貨幣來為賠款籌資。由此，德國經歷了一次歷史上最引人注目的超速通貨膨脹。

在一九二三年秋季，一份報紙的價格十月一日兩千馬克、十月十五日十二萬馬克、十月廿九日一百萬馬克、十一月九日五百萬馬克，直到十一月十七日七千萬馬克。

在這樣巨大的經濟危機中，德國人民遭受了極大的苦難。沒有工作，沒有糧食，走投無路。

德國人民對外國帝國主義和對本國政府極為不滿，德國各地鬥爭、騷亂不斷發生，德國處於嚴重的動盪之中。

從這場經濟危機中我們可以看出，過度的鈔票發行量所造成的通貨膨脹是導致這次經濟危機全面爆發的一個最重要的原因。

那麼什麼是通貨膨脹呢？

通貨膨脹一般指因紙幣發行量超過商品流通中實際需要的貨幣量，而引起的紙幣貶值、物價持續上漲現象。

其實質是社會總需求大於社會總供給。

比如，商品流通中所需要的金銀貨幣量不變，而紙幣發行量超過了金銀貨幣量的一倍，單位紙幣就只能代表單位金銀貨幣價值量的一半，在這種情況下，如果用紙幣來計量物價，物價就上漲了一倍，這就是通常所說的貨幣貶值。

此時，流通中的紙幣量比流通中所需要的金銀貨幣量增加了一倍，這就是通貨膨脹。在宏觀經濟學中，通貨膨脹主要是指價格和薪資的普遍上漲。

其實通貨膨脹並不可怕，可怕的是我們在通貨膨脹時期束手無策，讓自己辛辛苦苦積攢的資產白白流失。

為了使自己辛勤工作積累的財富保值增值，我們可以根據自己的實際需要選擇適合自己的理財方式。

比如，剛剛走出校門步入社會的年輕人可以選擇基金來投資，既穩妥又可以加速他們的財富積累；對於那些已經成家，有了一定經濟基礎的中年人來說，適當考慮將閒置資金投入到資本市場，減少銀行存款、國債等理財產品所占的比例，收益較高，可以輕鬆應對市場通貨膨脹；對於老年人來說，投資一些銀行推出的理財產品，例如專案信託產品，收益性和安全性都很好。

第三章

步步為「贏」賺大錢

—理財中的籌畫智慧—

凡事預則立，不預則廢。對於理財來說，是一樣的道理。
只有對自己的財產有一個很好的規劃，
才能使你現在的生活更愜意，未來的生活更有保障。
但是不同的人有各自不同的特點，理財計畫也必須量身定做，
這樣才能發揮出它應有的魔力。

給理財列一份清單

如果你還不是很明白理財中將要對什麼進行籌畫，那麼就看看這些問題吧，也嘗試著列出一份清單。它會讓你對自己的目標有一個更清晰的認識，也會讓你的理財更有計劃性。

在列清單時，要寫出一切與錢有關的目標，包括短期（一次度假）、中期（一輛新車）和長期（退休）的。想起一個就列上一個，即使是那些看起來很難實現的目標，你也不妨把它們先寫在紙上。

在列清單前，先問一問自己這些問題：

▼在我的孩子從學校畢業後，我想給他多少錢？

▼我想要自己的房子嗎？

▼我想要裝修房子嗎？

- ▼我想退休後到另一個地方生活嗎？我會不會想在那兒買房子？
- ▼如果我明天就不工作了，我需要多少錢來維持生活？
- ▼我何時需要一輛新車？我是用現金買車嗎？
- ▼我會想擁有一艘遊艇或是值錢的古董嗎？
- ▼我想做整形手術嗎？
- ▼我有沒有什麼特殊的愛好？是不是需要為此購買裝備？
- ▼我是不是想更頻繁地去遠方度假？
- ▼我想加入健身俱樂部嗎？
- ▼我想還清所有的債務嗎？最想還掉的是哪些？
- ▼我去世後想留給家人多少錢？
- ▼我想結婚嗎？想生孩子嗎？
- ▼我父母上年紀後是否需要我贍養？
- ▼我想在什麼年齡退休？按今天的貨幣，我需要多少錢才能舒適地生活？
- ▼我想送孩子去哪兒接受高等教育？那會需要多少錢？
- ▼我想不想中斷工作一段時間，去學習更多的東西？
- ▼如果我突遇不測過世，我的家人需要多少錢才能生活？

▼如果我病了或殘疾了，需要多少錢才能生活？
▼如果我失業了，一年內都找不到新工作，情況會怎麼樣？

一旦你寫下了自己能想得出來的每一個可能的目標，你就要開始估算一下：按現在擁有的錢來算，每個目標需要多少錢才能實現。這項工作可能需要經過一些調查才能完成。比如說，假設你打算退休後在澳大利亞生活，你就需要調查一下移民的費用和當地的房價是多少。

大富翁從小計畫開始

你的財富夢是什麼？大多數年輕人夢想著能有一百萬元。但調查顯示，有七成人認為，三十歲時至少應先擁有一百萬元存款。但卻只有不足兩成的人能辦到。這就表示有相當多的年輕人連十萬元的目標都還沒能達成，百萬財富更是一個遙遠的夢想。

每一個大事業都是從小事業做起的，即使成為大富翁也是從點滴的積累做起的。我們有沒有機會靠著自己的努力，提早賺到百萬財富？答案當然是「有」。這裡有短、中、長期三套戰略，從中可以看出：大富翁從小計畫開始。

兩年戰略：高槓桿工具才能小兵立大功

如果想兩年就賺到百萬財富，那麼能實現夢想的途徑就是利用高槓桿投資工具。雖然風險很高，但是報酬也高，想要以小博大、倍數獲利，就要正確運用這種工具。

只要你對趨勢敏感，行情不論走多或是走空，都有獲利機會。

高槓桿投資憑藉的不是運氣，而是精準判斷盤勢，冷靜面對大盤起落，情緒絕不隨著輸贏起舞。

高收益伴隨高風險，想要兩年就得到暴利，等於是走著鋼索賺錢。選擇這條戰略要注意，先模擬練功並嚴格控制投資金額是激進主義者最重要的自保之道。

五年戰略：做老闆

如果自認為用期指或是選擇權賺大錢，承受力不夠強、武藝不夠高的話，年限不妨放寬一點兒，定五年戰略，也就是努力創業當老闆，甚至是加盟總部的老闆，或是努力成為業務高手。什麼樣的創業能夠五年就淨賺百萬元？當然是要能引領潮流或是抓住特殊機遇的創業。

程度更高的賺錢方法則是當一群老闆的老闆，也就是成立加盟連鎖總部，只要能夠研發出獨特口味，或是獨特經營模式，而且能夠複製標準化程式，就可以穩定收取加盟店上繳的權利金。

當然創業的成本高，學問也很大。如果不願意當老闆，只想繼續當夥計賺大錢，不妨選擇產品單價高、傭金也高、制度完善的業務體系，只要用對方法，就可以成為個中高手。

十年戰略：運用多種工具保守理財

如果自認為投資手段不佳，也不適合創業當老闆，或是不擅與人打交道，無法成為業務高手的話，那麼便得回歸正統的理財方式，將累積財富的時間拉長至十年，積極開源，通過定期儲蓄，或是投資定存概念股，每年賺取股利，或是把錢交給專家理財，通過定期定額基金投資，逐步累積資產。

更傳統的方式是投資房地產，雖然國內房地產價格還有向下修正的空間，但只要選對地段，還是可以找到極具增值潛力的房子，不管是自住或投資，都是一種穩健的資產累積方式。

看看自己是屬於急功近利型的「兔子」呢？還是穩紮穩打型的「烏龜」？其實每個人都可以選擇適合自己的致富計畫。需要再次提醒大家的是，不管選擇哪一種計畫，想要提前致富，一定要做足功課，懂得深入實踐，不斷總結經驗教訓，那麼百萬財富將不是遙遠夢想。

泰勒・巴納姆的理財方式

泰勒・巴納姆出身卑微，從雜貨店店員起家，後來創立了世界上最大的聯合馬戲團，成為世界上最有錢的人之一。這位白手起家的前輩，他的財富理念和積累財富的方法與眾不同，卻也是一條創造和積累財富最簡單可靠的方法。我們來看看他的理財原則，從中吸取寶貴的精華為我們所用。

拒絕奢侈生活

致富的方法中包含一個最簡單的方法，那就是量入為出，節儉總是意味著收大於支。舊衣服可以再穿一穿，新手套可以暫時不買，食物可以不必太講究，房子可以住得小一些，能自己做的事情就不要雇別人來做。在這樣的情況下，除非出現意外，否則一個人終其一生，肯定可以積攢一筆不小的財富。這一分錢，那一塊錢，如果存起來，加上利息，就會不斷增加。如果你再懂得合理的投資和理財，比如在適當的時候投資房地產，將存在銀行裡的錢換成國債以獲取更高的利息，那麼，你的財富增長速度將會加快。

警惕為鞍買馬

一位富商，在他因為一筆生意賺到一筆大錢的時候，給家裡買了一個考究的新沙發。光那個沙發，就花了他三萬美元！

然而，當沙發運來了，卻發現茶几不配套，於是又更換茶几，然後是桌子、椅子，一直到最後將整個傢俱全部都換掉了。這時卻又發現，和容光煥發的新傢俱比起來，房子未免顯得太老太舊。於是拆掉舊房，蓋上和新傢俱相配的新房。

就這樣，為了這個沙發，他的花費加起來竟然達到三十萬美元。然後為了維護房子，他每年還得花十一萬美元。而在此之前，他每年只要花上幾千美元，就可以過得相當舒服，而且沒有那麼多煩惱，沒有那麼多要操心的東西。這個沙發最後甚至差點將他拖到破產的邊緣。

這樣的慘痛經歷，使得富商認識到，不能再做這樣「為鞍買馬」的傻事了。可是，看看自己，是不是也在做著同樣的傻事。比如買了一件新衣服，於是要配上相應的項鍊、手錶、手提包，相應的褲子、皮鞋，然後要更換相應的車子，再往後要上符合身分的飯館……這樣的消費是沒有窮盡的。就算是一個本來很富裕的人，以這樣的方式去消費，也很快就會將家財散盡，更何況有些人本來就不太富裕。

小心為消費負債

負債會輕易剝奪一個人的自尊，甚至使人們自己鄙視自己。

曾經有一個鄉下的富翁教育他兒子說：「約翰，千萬別去賒帳，非賒不可的話，就去賒點糞肥，它們可以幫你還帳。」這話的意思是說，如果你萬一要賒帳要舉債的話，也應該是為了投資，為了賺更多的錢，積累更多的財富。如果僅僅是為了穿好的吃好的，住大房子，開好車子，在人們面前打腫臉充胖子，那麼千萬不要去舉債。

付出總會有回報

不論你有多麼辛苦、多疲勞，都不要把現在該做的事推到以後去做，哪怕只是推遲一小時。有多少人只是依靠勤勉就取得了人生的成功，而他們的鄰居卻為了每天多貪睡幾個小時窮困一生。鬥志和勤奮，是成功人生必不可少的兩個因素。

別老想著花別人的錢

有個年輕人，走路幹活都顯得懶洋洋的。

有好心人問他：為什麼一天到晚老是一副無精打采的樣子呢？

年輕人讀過書，受過很好的教育，有很高的學歷。

年輕人說：「我受那麼多的教育可不是為了給別人當夥計的。我得自己幹，自己當老闆。」

好心人問：「那你為什麼不從現在就開始自己幹呢？」

年輕人卻說：「我沒有啟動資金。我在等待我的啟動資金。」

有誰會相信一個等待啟動資金的人能幹出一番事業來呢？沒有經過磨難得到的資金是不牢靠的，這就是錢來得快去得也快的道理。

在這樣的情形下，他並不會懂得金錢的真正意義，金錢的真正價值。沒有自我約束、紀律、節儉、耐心、毅力，總是指望著以別人的錢而不是自己的積累去開創一番事業，這樣的心態是可怕的，也不可能獲得成功。

事實上，很多富人都是白手起家。他們依靠的是自己堅定的意志、決心、努力、執著、節儉，以及良好的習慣，才獲得成功的。在漸漸發跡的過程中，他們將錢小心地積攢下來，才成就了他們晚年的富裕，這也是積累財富的最好方法。

集中所有力量

執著地敲打一隻釘子，使勁地敲，直到它最後鑽得很深很透。關注一項事業，堅持幹好，直到成功，或者直到經驗告訴你可以放棄。

當一個人的精力沒有分散，全都執著於一項任務，他的頭腦會一直想著如何改進這項任務，那他一定會不斷提高。可是要是腦子裡同時裝滿了十幾個不同的項目、任務，那麼他就不會集中精力去完成某一項任務，財富也就無聲地從手中滑落。所以請記住，當你在做一件事情時，要集中你所有的力量，盡心盡力地將它做好。在做好這件事情以後，再去做下一件事情。

正如老話所說，打鐵要一片一片地打，不能全部放在一起打，全部放在一起打，你最後得到的將只會是一堆廢鐵。

保持正直的操守

正直的操守比鑽石和金錢更珍貴。缺乏正直操守的人，也不可能真正享受到成功的喜悅，因為真正的喜悅需要用一顆平和、安寧的心才能真正體會到。

金錢本身無所謂善惡，是人們對金錢不加節制的欲望，才使金錢成為所謂的萬惡之源。就金錢本身來說，如果使用得當，不僅是家中得力的幫手，而且可以給自己和他人帶來幸福和滿足。正如莎士比亞所說，金錢是人們的好朋友。人們對金錢的渴望無所不在，這無可指責，但是記住，當你擁有了足夠的金錢以後，你也必須承擔因為擁有大量金錢而帶來的各種社會責任，比如修橋補路，樂善好施。

看了這些可以稱為經典的理財原則，是不是對你也有所觸動呢？在為自己的理財計畫進行籌畫的時候，好好品味一下這些原則吧。

「三個五」讓理財步步完美

理財是關於賺錢、花錢和省錢的學問。成功的理財是需要精密籌畫的。這裡，我們所講述的「三個五」分別是人生理財的五個階段，理財的五大定律，以及成功理財的五個步驟。每一個「五」都將讓你對自己的理財有一個更全面的認識，瞭解並掌握其中的技巧與規律，從而作出更完美的理財計畫。

人生理財的五個階段

瞭解人生的五個理財階段，會使理財思路更加清晰明確。

階段一：

這一階段為單身期。單身期一般為二至五年，即從開始工作到結婚的時間。一般人在單身期收入較低而花銷比較大，這時期的理財重點不在獲利而在積累經驗。理財建議：百分之十活期儲蓄以備不時之需；百分之三十定期儲蓄、債券或債券型基金等較安全的投資工具；百分之六十風險大、長期回報較高的股票、股票型基金或外匯等金融品種。

階段二：

這一階段為家庭形成期，大概為一至五年的時間。在這一階段，結婚生子，經濟收入增加，生活穩定，重點在合理安排家庭建設支出。理財建議：百分之十五活期儲蓄；百分之三十五債券、保險；百分之五十股票或成長型基金；保險可選那些繳費相對來說比較少的健康險、定期險、意外險，等等。

階段三：

子女教育期二十年。這一階段是一個漫長的階段，孩子生活、教育費用開始猛增。理財建議：百分之十家庭緊急備用金；百分之十保險；百分之四十股票或成長型基金，但需要更多地規避風險；百分之四十存款或國債用於教育費用。

階段四：

家庭成熟期。這也是不短的一個階段，要十五年之久，子女工作至本人退休，是人生及收入的高峰期，適合積累，重點可擴大投資。理財建議：百分之十家庭緊急備用金；百分之四十定期儲蓄、債券及保險；百分之五十股票或股票類基金。接近退休的你，年齡也大了，關於風險方面投資的比例應大大減少，要偏重健康、養老、重大疾病類的保險，從而制訂適合自己的養老計畫。

階段五：

退休期階段的投資和消費普遍都較保守，理財原則：身體健康第一、財富第二，主要以穩健、安全、保值為目的。理財建議：百分之十股票或股票類基金；百分之四十活期儲蓄；百分之五十定期儲蓄、債券。如果你資產較多，可以將自己的資產轉移給下一代。

理財五大定律

巧解理財五大定律，可以將合理理財進行到底。

定律一：

四三二一定律。家庭資產合理配置比例是家庭收入的百分之十用於保險；百分之二十用於銀行存款以備應急之需；百分之三十用於家庭生活開支；百分之四十用於供房及其他方面投資。

定律二：

七二定律。在一般情況下本金增值一倍所需要的時間等於七十二除以年收益率。比如，如果在銀行存十萬元，年利率是百分之二，存一年期並辦理自動轉存，則每年利滾利，經過數年能變成二十萬元。所以不要拿回利息，採用利滾利存款，這樣錢就能在銀行得到升值。

定律三：

家庭保險雙十定律。家庭年收入的十倍才是最好的家庭保險額度，保費支出的恰當比重應為家庭年收入的百分之十。

定律四：

八十定律。股票占總資產的合理比重等於八十減去年齡的得數添上一個百分號。比如，五十歲時股票占總資產的百分之三十，三十歲時股票卻可以佔據總資產的百分之五十。

定律五：

房貸三一定律。每月還房貸總額最好不超過家庭當月總收入的三分之一。

成功理財的五個步驟

步驟一：

對自己有一個清楚的瞭解，認清自己的實際情況，有多少錢是可以用來投資的，有多少錢是要進行儲蓄的，都要心裡有數。這樣才能作出一個科學系統的理財規劃，並應嚴格按照執行。理財規劃是我們通向財務目標的地圖和指南。你能想像一個沒有指南針和地圖的探險隊能夠獲得成功嗎？

步驟二：

理財一定要儘早開始。延誤理財時機是導致理財不成功的重要原因。最佳的理財時機應當從開始工作的第一天開始，如果你還沒有開始理財，那麼現在就開始。

步驟三：

長期堅持實施理財。理財是一個長期的過程，不是一朝一夕就能成功的，要投入一定的時間和精力，堅持下來，你就能看到保值升值的效果。

步驟四：

有足夠的耐性和信心。耐性和信心是每一個成功者所必備的條件。

步驟五：

有自己的理財目標。理財目標可以分為短期目標和長期目標兩種。

短期目標一般是指一年內達到的目標。比如除了用足夠的錢支付日常的基本開銷，或給你的家庭提供一定水準的保險保障以外。你可以計畫在一年內購買一件你所喜愛的東西，或者舉家旅遊一次。

長期目標是指履行期限在十年期以上的目標。如計畫送孩子到海外讀書，購買理想的房子，為養老進行儲蓄，這些目標通常需要大量的財富資源。

當然，也有需要在幾年內達到的中期目標，這就要根據你的需求和需要達到的時間來制定了。

不同的人理不同的財

收入不一樣，消費不一樣，生活環境不一樣，都會讓人有一個不同的理財觀念。在這裡，我們將按新入職者、藍領、白領、金領四種類型來詳盡地講解不同的人的不同理財方式。

新入職者如何理財

由於沒有儲蓄或者現金儲備的意識，年輕人總是把賺來的錢全部花掉，甚至還會透支，因此手頭總是沒有多餘的錢。沒有了收入來源，他們就會立即陷入困境，將無法支付房租，有的甚至連吃飯都成問題。對於這類人，應該從以下幾方面來理財。

●壓縮開支，注意節流

收入再多，沒有合理的規劃使用，還是無法存。要給自己準備一個記帳本，嚴格控制日常開支，對於一些固定花費，如水、電、煤、交通費、伙食費等每月都控制在一定範圍以內。

記帳本中可以顯示所有支出比較大的項目，例如計程車費、手機通信費，那麼你就要著重注意這些地方。平時儘量少坐計程車，堅持坐公車；為了節約通信費又不影響業務，選擇最適合自己的優惠通信話費套餐。

●建立強制儲蓄機制

如果覺得自己到月末總是分文不剩，那麼就在月初或者拿到薪資的時候，強行到銀行去做一定的儲蓄，這樣強制自己建立儲蓄機制，時間久了也就習慣了，而自己的積蓄也會慢慢增加。

●開拓事業

如果從迅速積累財富的角度來講，發展自己的事業是最主要的方法。年輕就是你最大的資源，現在也沒有很大的財務負擔，所以你可以全力以赴去開拓自己的事業。

●建立個人保障

年輕人最大的財富是其身體健康和充沛的精力，如果失去了健康，不僅無法賺錢，而且必定給父母的財務情況造成重大衝擊。所以，無論從自身還是對父母的責任來說，建立一定的保障是非常必要的。

●公平地看待信用卡

有些人認為信用卡是萬惡之源，讓使用者成為一個為銀行打工的卡奴；而也有些人認為信用卡是能夠讓自己實現夢想的工具，並且把今天花明天的錢作為一個時尚。正確的做法是：能刷卡的時候一定刷卡，但不要購買任何計畫外的東西，只是購買必需的東西，在免息期內務必把錢還上，否則，就要償還利息增加支出。

藍領如何理財

對普通的上班族來說，因為他們收入較低，承受風險能力也較差，理財要求絕對穩健。建議每月做好支出計畫，除正常開支外，再將剩餘部分分成若干份，進行必要的投資理財，可優先考慮投資保險、基金和國債等理財產品。

因為國債利息略高於銀行同期儲蓄利息，可以將家裡短期之內用不到的資金購買國債；如果對證券投資基金感興趣的話，建議購買證券投資基金；在保險投資方面，對於剛入職的藍領而言適當購買人壽保險，既可獲一些基本保障，也可強制儲蓄，且儘早購買，費率較低。對於已組成家庭的，建議保險支出約占家庭收入百分之十，可考慮購買養老保險、重大疾病險以及意外傷害險，等等。

白領如何理財

白領人群的理財目標，是在風險適中的情況下，最大限度地實現財富增值。該類家庭風險承受能力較強，可以選擇風險適中、收益較高的理財產品，以風險換取收益；也可以請教專業人士購買保本型基金，購買中長期的分紅型年金類保險產品，或關注各家銀行推出的外匯理財產品，挑選期限、利率合適的理財產品適度購買。

理財專家認為，年輕的白領一族尚處於人生的起步階段，必須在資金上儘量多積累。應選擇恰當的投資組合方式，在投資股票時，可以在入市之初稍做積攢，即先積累幾個月的資金，再行入市。入市後，可考慮將不同時間的資金投資在不同市場上。

金領如何理財

金領人士是上班族中的富人，他們的抗風險能力較強，資金結餘較多，有充分的資金可用於投資理財，因此可以採取多元化投資組合的方式進行投資。

但是，這類人由於工作時間、工作壓力都會遠遠高於一般人，健康狀況並不理想。因此，對於這類人群來說，購買保險特別是健康險，為自己的健康與生命提供保障就顯得非常重要。但要注意幾點：保險，可購買高額萬能壽險，附加補充醫療險和意外險，保障自己和家人的生活穩定；如果當地房價適中，可選擇好的地段進行中長期投資；銀行、證券公司推出的集合理財產品或信託產品，收益較高，風險較低，金領可選擇購買一部分進行投資。

第四章

看準機會就出手

——理財中的決斷智慧——

財富無處不在，但是要把財富拿到手，最重要的是及時抓住賺錢的機會。
機遇可以改變人的一生，發現和抓住了機會，就等於抓到了成功的一部分。
所以，我們在理財的過程中，只要看準了機會，就不要猶豫，
當機立斷，搶在別人的前面，就會比別人先一步獲得財富。

一切從現在開始

不要感歎為什麼別人會比你有錢，不要忌妒那些揮金如土的富豪們，其實你也可以跟他們一樣擁有財富。關鍵在於把握賺錢的機會，從現在開始，看準機會就出手，學會賺錢，學會理財，也許幾年之後，錢也會成為你的「奴隸」。

衡山上有一處有名的景點叫「磨鏡臺」，是一個古蹟。很久以前，台址附近有一座古老的佛寺，遠近聞名。

一名年輕和尚來此修行，他整天盤腿坐禪，雙手合一，口中喃喃念著「阿彌陀佛」，日復一日，希望自己能早日成佛。

寺裡的住持看到了，見他悟性不錯，就想點化他。

主持在他旁邊拿一塊磚去磨一塊石頭，一天又一天地磨。

年輕和尚有時候抬起頭瞧瞧老和尚在做什麼。

住持不理他，只是一個勁兒地拿磚磨石。

終於有一天，年輕和尚忍不住問住持：「大師，你每天拿著這塊磚磨石頭，到底做什麼呢？」

住持回答：「我要用這塊磚做鏡子啊。」

年輕和尚說：「可磚塊是做不成鏡子的呀，大師。」

「沒錯，」住持說，「就像你成天念『阿彌陀佛』一樣，是成不了佛的。」

年輕和尚頓時徹悟，拜老和尚為師，終成一代大師。

整天在房間裡研究投資理財的知識，固然重要。這可以增強我們的理論知識，理論指導著投資的實踐。但是，如果你遲遲不能下定決心，不立即去投資，機會在你身邊就會稍縱即逝。

只有在市場的大風大浪中闖蕩過的人，才可能成為富翁。這就是富人與有才華的窮人的距離。而如果你一早就有了自己的目標，那麼從現在開始，觀察點滴，一步步地去接近你的目標，相信成功就在離你不遠之處。

一個叫包克的美國青年，從小立志創辦雜誌。由於他有這個目標，他發現了一個在別人看來微不足道的機會。

一天，包克看見一個人打開一包紙煙，從中抽出一張紙片，隨即把它扔在地上。包克彎下腰，拾起這張紙片。

紙片上面印著一個著名女演員的照片。在這幅照片下面印有一句話：這是一套照片中的一幅。煙草公司敦促買煙者收集一套照片並以此促銷。

包克把這個紙片翻過來，注意到它的背面竟然完全是空白的。

包克感到這兒有一個機會，他推斷：如果把附裝在煙盒子裡的印有照片的紙片充分利用起來，在它空白的那一面印上照片上的人物小傳，這種照片的價值就可大大提高。於是，他找到印刷這種紙煙附件的公司，向這個公司的經理推銷他的想法，最終被經理採納。

這就是包克最早的寫作任務。他的小傳的需求量與日俱增，以至他得請人幫忙。最初他請他弟弟幫忙，並付給他每篇五美元的報酬。

不久，包克還請了五名新聞記者幫忙寫小傳，以供應印刷廠。包克竟然成了編者！最後他如願以償地做了一家著名雜誌的主編。可想而知，如果包克沒有當主編的志向，那麼他絕對不會發現紙片的空白竟然是一個機會。

機會只垂青有準備的頭腦。當你有了明確的目標，你知道你想要什麼，你就會對一些機會變得敏銳起來，而這些機會就能說明你成功地達到目標。人的一生幾十年，說短卻也長。其中充滿著太多變數和風險，你需要足夠多的錢來保障你的未來。

所以，為了你的生活幸福，從現在開始投資吧。合理分配自己的資金，利用各種投資工具，去闖蕩一番，為自己博取一個幸福的未來。火山爆發前積聚數年、數十年甚至上百年的能量，最壯觀的就是爆發的一刹那，我們也必須明白這一點，要想成為富翁，就要馬上行動。須知，要抓到鯊魚，一定要和它接觸，僅僅在岸上空想，永遠是無法成功的。

學會投資理財，實現幸福生活，一切從現在開始。

當機立斷，不放過成功機會

人人都想成功，人人都想富有，而真正能抓住成功機會的人卻只是少數。這其中的關鍵就是能不能果斷處事，在機會面前當機立斷，只有這樣，才不會放過成功的機會。

李嘉誠，在香港以及亞洲經濟界有著舉足輕重地位的大富豪，他的成功，其果斷決策起了決定性的作用。

二十世紀五〇年代中期，歐美市場興起塑膠花熱，家家戶戶及辦公大廈都以擺上幾盆塑膠製作的花朵、水果、草木為時髦。面對這種千載難逢的商機，李嘉誠當機立斷，放下其他生意，全力以赴投資生產塑膠花，並一舉建立了世界上最大的塑膠花工廠「長江塑膠花廠」，李嘉誠也因此而被譽為「塑膠花大王」。

六〇年代初期，在大家仍然看好塑膠花生產的時候，李嘉誠卻預感到塑膠花市場將由盛轉衰，於是立即退出塑膠花行業，避開了隨後發生的「塑膠花衰退」的大危機。

接著他注意到伴隨香港經濟起飛，地價將要躍升，於是開始關注房地產業。他迅速投資購買大量土地，並在激烈的競爭中憑藉自己的果敢，一舉擊敗了素有「地產皇帝」之稱的英資怡和財團控制下的置地公司，創造了房地產業「小蛇吞大象」的經典案例。李嘉誠也在這場房地產大戰中積聚了巨額的財富。

後來，有人在總結李嘉誠成功的經驗時，將之歸結為：反應敏銳，處事果斷；能進則進，不進則退。而李嘉誠也因為自己處事果斷，在香港及亞洲經濟界獲得舉足輕重的地位。

李嘉誠在創業之初，就顯示出他果斷、幹練的做事風格，這在他的財富積累過程中起到了決定性的作用。在進行投資、創業、積累財富的時候，關鍵時刻果斷地作出投資決定並付諸行動是非常必要的。切不可猶猶豫豫，致使本來屬於自己的機會失之交臂。

在生活中，可能你也會歎息：我曾經也有一個多麼好的想法，結果因為各種因素沒有付諸行動，而別人後來做了就成功了。這些曾經都在教育著我們，有了好想法，就要立即去做，不要猶豫，不要害怕，即使最終失敗了，也會為自己的嘗試而感到欣慰，至少曾經努力過就不後悔。

美國麥當勞速食店在一九五五年創辦初期只是一家經營漢堡的小店，到了一九八五年，在美國的五十個州和世界三十多個國家和地區開設了近萬家分店，年營業額近一百多億美元，被稱為「麥當勞帝國」。

它能有今天的成功，完全有賴於創始人雷蒙德・克羅克的「一旦決定了就趕快行動」的準則。

一九五四年的一天，雷蒙德・克羅克駕車去一個叫聖貝納迪諾的地方，他看到許多人在一個簡陋的餐館前排隊，他也停下車排在後面。

人們買了滿袋漢堡，紛紛滿足地笑著回到自己的汽車裡。雷蒙德・克羅克很好奇，於是上前看個究竟，原來是經銷漢堡和炸薯條的速食店，生意非常紅火。

雷蒙德・克羅克五十二歲了還沒有自己的事業，他一直在尋找自己事業的突破口。他知道，快節奏的生活方式就要到來，這種速食的經營方式代表著時代的方向，大有可為。於是他毅然決定經營速食店。他向經營這家速食店的麥當勞兄弟買下了漢堡攤子和漢堡、炸薯條的專利權。

雷蒙德．克羅克搞速食業的決策遭到了家人及朋友的一致反對，他們說：「你瘋了，都五十多歲了還去冒這個險。」

雷蒙德．克羅克毫不退縮。在他看來，決定大事，應該考慮周全，可一旦決定了，就要勇往直前，趕快去做。

行不行，結果會說明一切，最重要的是行動。

雷蒙德．克羅克馬上投資籌建他的第一家麥當勞速食店，經過幾十年的發展，雷蒙德．克羅克取得了巨大的成功，人們把他與名震一時的石油大王洛克菲勒、汽車大王福特、鋼鐵大王卡內基相提並論。

美國眾議員艾德．佛曼曾經在一次演講中對那些不願採取行動的空想家進行了細緻刻畫：

總有一天我會長大，我會從學校畢業並參加工作，那時，我將開始按照自己的方式生活；總有一天，在償清所有貸款之後，我的財務狀況會走上正軌，孩子們也會長大，那時，我將開著新車，開始令人激動的全球旅行；總有一天我將買輛漂亮的汽車開回家，並開始周遊我們偉大的祖國，去看一看所有該看的東西；總有一天……

這些可悲的人最終生活在自己的幻想中，並在實際生活中扮演著窮人的角色。如果說有什麼辦法可以改變這種窘況，那就是毫不遲疑地行動！

有多少想法，多少夢想，多少好打算，為什麼沒能實現，原因僅僅是你的決定沒有得到有目的的實際行動的支援。

有一個很好的發展機會，有一個宏大的目標，不去做，成功是不會從天上掉下來的。李嘉誠在總結自己的成功經驗時說：「決定一件事後，就快速行動，勇往直前去做，這樣才會取得成功。」

如果你想成為富人，並已打算為此而奮鬥的話，這裡一個明確的告誡：你必須從今天，從現在開始就採取行動，去制訂目標和計畫，並努力去實現你的人生目標！

你一生中能獲得特殊機會的可能性還不到百萬分之一，然而，機會卻常常出現在你面前，你可以把握住機會，將它變為有利的條件。而你所需要做的事情只有一件：行動起來，不放過任何可能成功的機會。

在危機中發現機會

越是危機的時候，越能發現商機。只是，這時的我們常常沉浸在感歎危機對自己利益的損害，卻忘了睜大雙眼，去發現身邊的機會。

希臘人奧納西斯出身貧苦，為了謀生，他漂洋過海、離鄉背井，來到南美洲的阿根廷尋生路。為了果腹，他做過多種雜工，包括人們最不願意幹的活。後來他又做過小商販，經營過諸如煙草一類的小生意。

生活的艱辛使得他歷盡磨難，但同時，豐富、複雜的社會磨煉也使得奧納西斯大受裨益，練就了他觀察和分析事物的能力，還有判斷事物發展趨勢的銳利眼光。

一九二九年，舉世聞名的世界性經濟危機首先在美國爆發，繼而波及世界各地。阿根廷的經濟也陷入了極端困難的境地，工廠大批倒閉，工人也大量失業，各行各業蕭條不堪。自然，紅極一時的海上運輸業也一樣難逃厄運。

加拿大國有運輸公司為了渡過難關，準備拍賣名下各類產業，其中，在十年前價值兩百萬美元的六艘貨輪，只開價十二萬美元。奧納西斯看準時機，拿出自己的全部積蓄，並向好友籌借了幾萬美元，專程飛赴加拿大買下了這幾艘貨輪。

奧納西斯的反常舉動令同行們大惑不解。他們實在想不通，奧納西斯明明知道，一九三一年的海上運輸量為一九二八年的百分之三十五，大名鼎鼎的海運專家、企業家們都不知如何是好，奧納西斯的行為在他們看來實在是「飛蛾撲火，自尋死路」。

但奧納西斯卻不這麼想，因為他親眼目睹這場經濟災難的前前後後，斷定這是資本主義經濟發展的一種規律。他確定，很快就會經濟大復甦，危機馬上就會結束，物價將很快從暴跌變為狂漲，海洋運輸業也將很快從低谷走向高潮。

果然，精明果斷的奧納西斯預料個正著，經濟危機很快過去了。在百業重興的過程中，海洋運輸業的回升和發展勢頭大大領先於其他行業，他花低價買來的六艘貨輪轉眼之間身價倍增，企業界無不豔羨，銀行家們對他刮目相看，紛紛主動上門為其提供信用貸款。

聰明的奧納西斯絕不讓機會從身邊溜走，他趁機迅速壯大自己的海洋運輸隊伍，使自己的實力倍增。緊接著，他開始向世界各主要航線進軍，所到之處，罕遇對手。

奧納西斯成了世界海洋運輸業中的金字招牌。大量的財富以驚人的速度源源不斷地流入他的腰包。一九四五年，他首先成為希臘海運第一人，緊接著，所向披靡的奧納西斯成了名副其實的「世界船王」。

奧納西斯的成功，告訴我們這樣一個道理：成功的機會處處都有，人人都會碰到，關鍵是你能否準確地把握和利用它。在危難的時候保持清醒的頭腦，不錯失商機，這樣的人定能發大財。

抓住機會就是抓住財富

機會對任何人都是公平的，就看誰抓得準、用得好。只要我們抓住了機遇，就是抓住了財富。

一九八一年，英國王子查理斯和戴安娜要在倫敦舉行轟動全世界的婚禮。消息傳開，倫敦城內及英國各地很多工商業者都絞盡腦汁想利用這一千載難逢的發財機會。有的在糖盒上印查理斯和戴安娜的照片，有的把各式服裝印染上查理斯和戴安娜結婚時的圖案。但在諸多的經營者中，誰也沒有賺過一位經營「望遠鏡」的老闆。

這位老闆想，人們最需要的東西就是最賺錢的東西，一定要找出在那一天最需要的東西。

盛典之時，將有百萬以上的人觀看，有多半人由於距離遠而無法一睹王妃尊容和典禮盛況。這些人那時最需要的不是購買一枚紀念章、買一盒印有王子和王妃照片的糖，而是一副能使他看清楚景物的望遠鏡。

於是，他突擊生產了幾十萬副簡易望遠鏡。

那一天，正當成千上萬的人由於距離太遠看不清王妃的麗容和典禮盛況，急得毫無辦法的時候，老闆雇用的上千個賣望遠鏡的人出現在人群中。高聲喊道：「賣望遠鏡了，一英鎊一個！請用一英鎊看婚禮盛況！」

頃刻間，幾十萬副望遠鏡被搶購一空，不用說，這位老闆發了筆財！

其實，在這個事例中，眾多的英國工商業企業也不是沒有去抓機會，只是因為他們沒有抓準，沒有抓牢。而生產簡易望遠鏡的那位老闆才是真正抓準、抓牢了機會的人。說到底還是那位老闆比別人研究得更細一層，他看準了那一天人們最大的需求，同時也是最重要的東西——望遠鏡。

正如一位行銷大師所說：「市場的勝利者，是那些認真分析市場，有效利用資訊，善於抓住機會、把握機會的人。」

第五章

家有寶藏 一生無憂

—理財中的收藏智慧—

俗話說：「盛世藏古董。」

收藏藝術品是一種有益於身心並極富前景的投資。

隨著生活水準的提高，很多人開始追求高品味，

而收藏品不僅可以為人們帶來高雅的享受，還能使生活充滿情調。

收藏也不失為一種保值增值的理財方式。

收藏投資的入門

如今藝術品投資越來越受到人們的關注，那麼我們怎麼樣才能夠在這一領域獲得成功呢？其實一切還是要從簡單的東西開始。

欣賞：提升鑒賞力

多聽、多看、多問、多讀是提高鑒賞力的途徑。

●多聽

可以採取多聽演講、導覽、有聲書等方式。演講指專業人士在自己所從事的領域裡有收穫，然後通過演講與大家分享心得；導覽指當參觀美術館、博物館時，觀眾可以租用錄音帶等音訊設備進行參觀，以增加知識；有聲書則指刻成光碟錄下來，是隨書發行的資料，這樣就可以經常聽。

多看

那麼從哪裡看起呢？一是工作室，即藝術家工作室，那裡有好的原作；二是行家收藏，同時可以與行家探討收藏心得；三是畫廊，而且去時可留下聯繫方式，那樣以後有相關展覽活動時會收到通知；另外還有美術館、博物館，等等。

多問

如果只是在美術館、博物館裡面的畫前走馬觀花地走一圈那是沒有效果的，需要在看的同時提出問題，找人解答。多問可以加快學習和入門。

多讀

入門後會發現自己的興趣所在，之後會加深對市場行情的瞭解，然後訂閱雜誌、學習投資，甚至再找一些相關的書籍閱讀，提升自己到更高一層的境界。

在有了一些基本概念後，我們會發現每一位大師都有鮮明的風格。如果我們看到一個新藝術家的作品太像某位大師，這就有可能不是吸收，而是抄襲，這樣的畫家難以成為大師。所以並不是任何人都可以成為大師的，大師要具備天才、功夫、修養等素質。

購買：選擇對方向

購買收藏品從什麼地方開始？起初可以在美術館看了大師級作品後從其販賣部選一張海報帶回家，等漸漸入門後，再收集名家限量版畫作；然後從還沒有出名的年輕畫家中選擇一些你認為有潛力的作品，包括國畫、油畫、水彩和版畫，等等。這些作品可以以低價購得，既可以用來裝飾、投資，同時也鍛煉和培養你的眼力。

如何開始購買？我們比較多的是從好朋友那兒分享經驗，先是感覺朋友室內設計很舒服，然後開始入門。

買誰的？買「對」的藝術家的作品，那麼如何分辨「對」的藝術家，其標準如下：具有鮮明的風格，難以取代的技法，如線條、構圖、色彩，良好的作品和修養。

買什麼作品？買有鮮明的風格、線條好、構圖好、色彩好、感動你而你又喜歡的作品。

一些作品短時間雖然漲幅不大，但是你喜歡它，就不會為此而感到不高興，並且將來出現價格上漲的機會也是比較多的。

到哪裡買？在藝術工作室、藝術代理人、畫廊、藝術博覽會和拍賣行等處都可購買，其中藝術博覽會就是藝術嘉年華，拍賣會目前雖然十分火爆，但首要條件是必須要把眼力鍛煉好。

收藏：培養高品味

培養自己的品味，提升收藏品質量，必須要有三種能力：

一是辨識能力。即眼力加知識，這需要終身學習，它是「越老越值錢」的。

二是經濟實力。即財力加膽識，可以利用閒錢進行藝術品投資，去參與它、享受它，提高自己的眼力。

三是收藏活力。即眼光加見識，眼光是判斷未來的能力，見識是瞭解藝術市場的背景。

其中有一點值得大家留意，就是可以「以藏養藏」，在有合適的價位時把自己收藏的一些作品賣掉，然後重新購買自己所喜歡的，這樣就降低了成本，這也是收藏活力的一種表現。

說到如何收藏，我們可以以博物館的收藏程序來做個例子，因為一般個人買畫，也要經歷這個過程。

我們平時就可以模擬這個過程：

▼揣摩初步印象鍛煉自己的感知力。

▼通過觀察看作品是否發霉、有裂紋，以及修復情況或修復得好不好等。

▼評估市場情況——確定合理價位。

▼再通過科學的方法對作品進行考查，包括作品的年代、簽名、油畫顏料等。

▼徵求顧問、專家的意見。

▼根據自己的預算進行收藏。

總的來說要做到審慎，以防掉入「假畫」的陷阱。

收藏品的分類

如何對收藏品進行科學分類是一個亟待解決的課題，因為它對收藏學的發展至關重要。一般來說，收藏界對收藏品採取如下分類：

文物類 包括歷史文物、（古人類、生物）化石、古代建築物實物資料、字畫、碑帖、拓本、雕塑、銘刻、輿服、器具、民間藝術品、文具、戲曲道具品、工藝美術品及外國文物，等等。

凡現代物品雖小但屬文物，可併入上述小類者，均歸入此類。上述所列專案中均包含較多內容，如器具中包括金銀器、錫鋁器、漆器、明器、法器、傢俱、織物、地毯、鐘錶、煙壺、扇子等；工藝美術品包括料器、琺瑯、紫砂、木雕、牙角、藤竹器、緙絲，等等。

珠寶、名石和觀賞石類 這類包括珠寶翠鑽，各種硯石、印石，以及奇石與觀賞石三類，均以自然未經人工雕琢者為主。

錢幣類 包括歷代古錢幣及現代世界各國貨幣。

郵票類 包括世界各國郵票及與集郵相關的其他收藏品。

文獻類 包括書籍報刊、檔案、照片及影劇說明、海報等各種文字資料。

票券類 包括印花稅票、獎券、門票、商品票券、交通票證等等。

商標類 包括火花、煙標、酒標、糖紙等等。

徽章類 包括紀念章、獎章、證章及其他各種徽章。

標本類 包括動物標本、植物標本和礦物標本等等。

其他類 凡以上幾類均未能包括者列入此類。

上述各類藏品不僅擁有較多的愛好者，而且多是約定俗成，能得到較多收藏者的認同。當然這種分類法也不是一成不變的，它將隨著收藏情況的發展和變化而不斷調節，以期既能反映當代收藏的狀況，具有一定穩定性，又能對民間收藏起指導和引導作用。

收藏投資行情

俗話說：「亂世藏黃金，盛世興文物。」精美的藝術品可為擁有者帶來即時的享受、令其生活更為充實和更富情趣。所謂精品難求，故升值空間比較大。

有人說，金融證券業的平均投資回報率是百分之十五，房地產業的投資回報率是百分之廿一，而藝術品收藏投資回報率卻在百分之三十以上。目前，藝術品收藏以百分之三十投資回報率已經成為最賺錢的行業。

倫敦克利斯蒂、蘇富比兩家公司曾公佈過中國瓷器的價格指數，它們以一九七五年一千美元的瓷器為基準，顯示其價格逐年攀升，一九九五年達到九千美元，十五年漲幅為九倍。

一九六七年《英國年鑒》顯示，一九五一至一九六七年世界文物藝術品市場和股票的增值幅度為：十六年間，英國股票兩倍，美國股票四點七倍，英國玻璃製品六倍，巨匠繪畫六倍，英國銀器六倍，英國繪畫七點八倍，珍稀舊書刊七點八倍，印象畫派作品九點六倍，中國瓷器十三倍，現代繪畫十五點二倍，巨匠版畫十八倍。

二〇〇〇年全年克利斯蒂共拍出單件超過一百萬美元的藝術品兩百五十件，表明市場上百萬美元級的拍品在增多，實際上是反映了價格在上揚。

中國書畫的價格上揚也較為明顯。二十世紀五六十年代，一些書畫大師的作品價格相當低廉，如齊白石的作品每平方尺至多不過十元，老舍曾為了資助齊白石而花五元錢買了他的一個扇面；張大千的作品賣一百元人民幣一幅；徐悲鴻的《松鷹圖》，一九六一年售價僅為兩百三十元，這在當時已是很高的價格了；傅抱石一幅畫的最高標價為八十元。

近幾年，中國書畫中個性強、技藝精湛的名家的作品價值，逐漸被人們所認識而日益顯示出來。在香港、臺灣及東南亞地區，名家作品價格一路飛升，一般都在幾十萬、上百萬的價位上，畫廊與拍賣行的生意興隆，市場一改蕭條冷落，變成一片欣欣向榮的景象。至一九九七年底，當代書畫家作品在百萬元以上的已有幾十位，如吳昌碩、齊白石、徐悲鴻、張大千、傅抱石、李可染、石魯、吳冠中、陳逸飛等等。

中國書畫上漲幅度有其特殊的歷史原因，但如今這些特殊原因不存在，眼下的上漲因素已基本是藝術品市場本身的規律在起作用了。

不過，需要注意的是，藝術品投資屬於中長線投資，投資者不應抱有即時獲利的心態，也不要因投資藝術品而影響正常的生活。最佳的投資策略是既可獲得即時的藝術享受，又可投資保值。

收藏是一種投資，而投資是講究投入和回報的。從事私人收藏必須具備五個方面的要素，要有真偽鑒別能力：

一是興趣愛好。

二是眼力。

三是學問、經驗。

四是財力。

五是毅力、心態。

五要素中，決定因素是財力，但有財力不一定能收藏到好的東西。收藏同時也需要魄力、眼光、學問等，而且這是與個人興趣愛好分不開的。

收藏既是一個發現物品的投資過程，更重要的，它又是一個發現心靈的過程。在這種發現過程中能夠陶冶自己的情操，放鬆自己、愉悅心情。

收藏，藏的不是簡單物品，藏的是一種心境，一種對物對己的發現之樂，一種美的藝術享受。

收藏投資原則

收藏除了能欣賞之外，還是一種保值、增值的投資方式。收藏與許多投資有相似之處，也有不同之處。關鍵在於要掌握收藏的一些基本技巧和原則。

藝術品的投資，充分體現投資者的智力，這個智力表現為多方面的才能與膽識。那麼，私人收藏藝術品應注意什麼原則呢？

要量力而行

無論是收藏，還是投資，都要量力而行，一般不要超過個人資產的百分之廿五。有人很容易孤注一擲押上所有的錢去賭，這是不切合實際的，並非成熟的心態。收藏藝術品需要注意，這是一個精英的、小眾的、長線的市場，不像股票容易變現，不如其他商品好流通。初入門者最好留意中等名家的作品，往往價格不高，但品質較好。

不要購買有爭議的作品

因為收藏市場上偽品甚多，如不細心，以真貨的價格買了假貨，不僅丟了資金，還會挫傷個人銳氣，挫傷自己的膽識。千萬不能大意，購買時如果自己在技術上把握不准，可以請行家鑒定。

不要四面出擊，廣泛收集

要選擇一個門類，或者某個時期、某種題材、某個畫派，甚至某個畫家的作品，集中精力弄懂弄通某個類型或某個畫家作品的行情，掌握其藝術特徵，做到心中有數，這樣才會穩操勝券。如果要廣收博采，那必須有高深的資歷和雄厚的經濟實力，才能達到目的。

系統地掌握有關資訊

注意收集各種有關資料進行系統的瞭解和研究。例如書畫報刊、藝術投資文章書籍、拍賣圖錄和拍賣成交價格表，只有廣泛地收集資訊，分析資訊，才能保證投資的收益。

把握好出讓時機

出讓藝術品，是藝術品投資的後續動作。只有出售，才能獲取收益。在出讓時，應考慮市場狀況、行情趨勢以及自己的資金周轉情況，等等。

注重學習

香港張宗憲先生是一位古董、書畫的資深藏家，昔年二十美元闖香港，現在往往一件瓷器就拍出上億港元。

他有一個經驗：多聽、多看、少買，若買就買精的，買好的。而精的好的藝術品價格恒貴，但貴的未必就是好的，所以必須學習在先，才能知道什麼作品是精的、好的。張宗憲的觀點同樣適合收藏者。作為一個收藏投資者，首先要有一定的理論學習，先瞭解這個領域的基本情況，才能做到戰略正確。而確定了方向，便可把一些更專業的相關事宜，委託給有研究的專家去處理。

學習的途徑有很多，可以參考雜誌，如《藝術當代》、《世界美術》、《東方藝術·財經》等；還可以實地參觀、考察美術館。

如果沒有條件長時間學習，可以選擇一位口碑較好的藝術顧問，以減少收藏的盲目性。好的顧問會把一位初入行的收藏者培養成專家，而不是利用短期的資訊不對稱去騙取暫時的利潤。這個行業非常小，多諮詢幾處，研究一下個人的經歷、口碑、文章等便可得出基本判斷。

另外，需要提醒投資者的是，盲目跟風收藏並不明智，其中隱藏著巨大的投資風險。人們應該用平常心去看待收藏，長線操作，切不可急功近利、刻意投資。此外，還需要專業化。具體的經營、操作者應當由學術界或者學術出身的人士來把關。選擇作品和藝術家是首要的也是最為關鍵的。藝術品和其他的東西不一樣，如果選不好可能就一文不值，選得好則可能一張畫抵得上所有畫的成本。

收藏操作策略

收藏品市場與其他投資市場一樣，有牛市也有熊市。當行情對投資收藏者十分有利，且收藏者的資金相對充裕的情況下，投資收藏者就應採取利上加利的策略，大舉入市，以期獲得更大的收益，這就是牛市。而如果市場行情意外下跌了，該怎麼辦呢？這就需要我們瞭解和掌握關於操作策略方面的內容。

牛市操作策略

收藏者如果預期某種收藏品會繼續上漲的話，就可以適當買入這種收藏品；當這種收藏品的價格上漲時，收藏投資者可以適時將收藏品賣出。不過，如果仍然預期這種收藏品會繼續上漲的話，就可以繼續買入這種收藏品。當這種收藏品的價格依然繼續上漲時，收藏者既可以繼續買入，也可以相繼出貨，這就是利上加利的策略。這種操作技巧，雖然不一定保證買入的所有收藏品都能夠獲利，但是，只要適時平倉出局，那麼，投資收藏者仍然可以獲利不少。當然，利上加利法需要投資收藏者準備足夠多的備用資金，以便隨時出擊。利上加利法的關鍵，在於把握好出貨時機，只要不做過頭，就僅僅是賺多賺少的問題了。

熊市操作技巧

當收藏者預期某種收藏品的市場行情會上漲時，可以買入這種收藏品。但是，如果市場行情卻出人意料地反向下跌了，收藏者該如何做出決策呢？

積極求和

如果收藏者預期市場行情依舊會反彈，那麼，為了挽回大勢，他就應該下定決心，在市場行情一跌再跌時，不斷買入這種收藏品，以便不斷分攤自己的總投資成本。在收藏者處於不利的情況下如果採取消極的方式草草收兵，總會造成或多或少的損失。但是，如果將積極求和法運用得當的話，那麼，收藏者不但可以部分甚至全部地挽回損失，有時候甚至還可以獲利不少。

對於收藏者而言，積極求和法的關鍵在於，資金佔用的時間通常會比較長。因此，收藏者必須考慮到資金佔用的機會成本。此外，收藏者還應該選擇恰當的出手時機，以免錯失良機而被再度「套牢」。

捨小求大

捨小求大法的目的，主要是降低收藏投資成本。積極求和法需要不斷注入新的資金，而捨小求大法則無須不斷投入新的資金。

如果收藏者預期行情將上漲，買入了某種收藏品，但是，市場行情卻反向下跌了，而且，似乎還有一跌再跌的趨勢。此時，收藏者就應該在損失還不是太大時先行將收藏品賣出。在這種收藏品繼續下跌的過程中，再伺機買入，從而挽回過去的損失。這就是捨小求大法。

第六章

巧妙投資 讓錢生錢

—理財中的投資智慧—

有錢的人投資，可以讓錢生錢；沒錢的人投資，也可以讓錢生錢。

在這個經濟快速發展的社會中，投資可以獲得回報，但是有風險，也有技巧。

在投資之前，你要把握好市場的行情和規律，

還要選擇最適合自己的投資方式，更要選準最賺錢的行業。

這樣的話，才能讓自己的錢像滾雪球一樣多起來。

充滿誘惑的投資——股票

大浪淘沙，股海淘金。成也股市敗也股市。

投資股票是最常見的理財方式，兼有高收益和高風險的特點。像是一場充滿誘惑的冒險一樣，每天都有人在其中樂此不疲。

如果你也喜歡冒險，勇於闖蕩股海，想讓自己的人生更精彩的話，那麼來吧，我們一起來炒股！

股票投資認知

在我們投入股市之前，必須先瞭解什麼是股票。

股票是股份證書的簡稱，是股份公司為籌集資金而發行給股東作為持股憑證並藉以取得股息和紅利的一種有價證券。

我們可以根據自己的意願將手中的貨幣選票投向某一家或幾家企業，以博取股票價格波動之差或是預期企業的未來收益增長。

股票像一般的商品一樣，有價格，能買賣，可以作抵押品，是資本市場的主要長期信用工具。

股份公司借助發行股票來籌集資金，投資者通過購買股票獲取一定的股息收入。

股票具有五大特性：

權責性

股票作為產權或股權的憑證，是股份的證券表現，代表股東對發行股票的公司所擁有的一定權責。

無期性

股票投資是一種無確定期限的長期投資，只要公司存在，股票就能流通下去。

流通性

股票作為一種有價證券可作為抵押品，並可隨時在股票市場上通過轉讓、賣出而換成現金，因而成為一種流通性很強的流動資產和融資工具。

風險性

投資收益的不確定性使股票投資具有較大的風險，發行股票的公司經營狀況欠佳，甚至破產，股市的大幅度波動和投資者自身的決策失誤等都可能給投資者帶來不同程度的損失。

法定性

股票上市，必須由股份有限公司提出申請，按照法定程度經過有關機構的審批和複審。

股票投資操作流程

在投資者瞭解股票的一些知識後，便需要掌握如何實際操作買賣股票。總體來講，股票投資包括了四個步驟，分別是開戶、下達委託指令、撮合交易和交割清算。

●開戶

投資者進行股票投資，第一個步驟是開設股票交易帳戶。

所謂的開戶包括了兩個帳戶：

一個是證券帳戶，是由證券交易所向投資者發放的，相當於投資者的證券存摺，用以記錄投資者所持有的證券種類和數量，並存放投資者所持有的證券。

另一個是資金帳戶，是投資者在證券商處開設的、用以存放投資者買賣證券的資金的帳戶。

一般投資者需要先申請到證券帳戶以後，然後再憑個人的身分證明文件到證券商處開立資金帳戶。

與此同時，投資者還要到銀行開立帳戶。

●下達委託指令

第二個步驟是下達委託指令。投資者不能直接參與證券買賣，只能通過向券商下達指令，然後由券商來完成交易。所以，股票交易必須由投資者給券商下達委託指令，其內容包括四個部分：

第一是股票名稱或交易代碼。

第二是選擇買賣的方向。

第三是股票的數量。

第四是買賣股票的價格。

由於有漲跌停板的限制，所以投資者下達的交易價格不可高於和低於前一個交易日該股票收盤價的百分之十，否則被視為無效委託，不予以執行。

●撮合交易

股票交易的第三個步驟是撮合交易，是指投資者的委託指令通過券商的電腦系統傳送到交易所的中央交易系統，按照一定的交易原則撮合買賣雙方的交易指令。

短線和長線的操作技巧

作為長線資金，大多尋求穩健的投資路徑，因此，如何準確地判定一個股票的底部和如何分批投入是一個重要的課題。而短線炒作則完全不同。短線操作不著重尋找底部，只著重拉升段。

●短線

作為短線選股主要方式是技術分析，尤其是對圖形的研判。

一般短線是指持倉時間在三天以上，兩周以內。其分析對象是日K線價量組合分析，而不是日K線技術指標分析。通常來說多數技術指標是測算股票未來走勢的機率，是由股票的歷史資料計算出來的，其基礎資料無非來自於價和量。因此，我們如果能搞清楚價量本身的關係，技術指標分析的作用就會弱得多，更何況幾乎所有技術指標都有反應滯後的共性，有時甚至出現背離，難以達到我們做短線的要求。

一般短線炒作分為兩種方式，追漲和抄底。

追漲是一般投資者通常選擇的方式，但卻是風險較大的一種。而抄底難度較大，但比較安全，可以利用五日乖離率判斷，利用黃金分割判斷，利用成交量或換手率等方法來判斷底在何處。

●長線

長線操作應注意介入的最佳點、認真選股和持有時間。

介入的最佳點是獲利的關鍵。如果你是在風口浪尖上買的股票，在茫茫的下跌途中，你所處的情況應稱為「套牢」。而不是長線投資。因此，在合理的價位進行投資，是長線操作的關鍵性。

長線投資時看重股票的成長性，預期未來收益增長。如果一家上市公司贏利水準連年下降，且公司又沒有改變這種狀況的打算，即使你介入時股票價格相對較低，其未來的漲升空間也會十分有限。這時候，就應該對於上市公司的基本情況多加研究，認真選股，選擇一些成長性好收入穩定的股票作為長線投資的品種。

持有時間是指當一檔股票價格逐步走高時，就不應再繼續持有，而應當選擇一個適當的價位派發出去，並不是只要持有就能獲利。

進行長期投資時，在長期上漲趨勢的底部和中部都可以買入，買入後持有到高位賣出即可獲利。只有對長期趨勢預測正確，不管在股價到達高位前有多少次中期性回檔，都要堅信股票價格還會反彈，等到最後的賣出時機定會有豐厚的收益，只是中途回檔時加倉可以多賺些差價。

養隻金雞好「下蛋」——基金

炒股獲利最大，但風險最高；儲蓄風險最小，但獲得很少。把股票和儲蓄的優勢集中在一起取長補短，就形成了基金的優勢：風險相對較小，收益相對較大；基金由專業的基金經理人管理，省心省事，經營可靠。相比於其他的投資項目，基金是喜歡平穩的人們的理財首選。打個比喻：養檔基金好「下蛋」！

基金的含義

基金就是證券投資基金，是通過彙集眾多投資者的資金，交給銀行保管，由專業的基金管理公司負責投資於股票和債券等證券，以實現保值增值目的的一種投資工具。一言以蔽之，基金是指以發售基金份額的形式，將所有投資者的資金集中起來，形成獨立資產，以投資組合的方法進行證券投資，是由基金管理人管理和運用資金，基金託管人託管的，一種共擔風險、共用利益的投資方式。基金投資人在享受證券投資收益的同時也承擔著投資虧損產生的風險。

基金的分類

基金按照不同的種類可以分為以下幾種。

●按投資對象分類

根據投資對象的不同，可分為債券基金、股票基金、貨幣市場基金，等等。

債券基金

債券基金是指專門投資於債券的基金。它通過集中眾多投資者的資金，對債券進行組合投資，尋求較為穩定的收益。債券基金具有收益低、風險低、費用低、注重當期收益、收益比較穩定等優點，這種投資方式適合不願過多冒險，又謀求當期收益較穩定的投資者。

股票基金

股票基金是投資基金的主要種類。顧名思義，股票基金是以股票為投資對象的投資基金，與投資者直接投資於股票市場相比，投資費用較低，風險較小。除此之外，股票基金還具有變現性高、流動性強的特點。

貨幣市場基金

貨幣市場基金是投資於貨幣市場上短期有價證券的一種基金。貨幣市場基金資本安全性高、流動性好，投資者可以根據自己的需要轉讓基金單位，不受日期的限制。

●按是否可以贖回或增加分類

根據基金單位是否可贖回或增加，可將基金分為封閉式基金和開放式基金兩種。

封閉式基金

封閉式基金是指基金的規模在發行前已確定，在發行後的規定期限內固定不變的投資基金，屬於信託基金。

開放式基金

開放式基金又稱共同基金，是指設立基金後，投資者可以隨時贖回或申購基金單位，基金規模不固定的投資。

與封閉式基金相比，開放式基金具有更多的優點。在櫃檯上買賣和風險相對比較小、不限制發行數量、買賣價格以資產淨值為準，這些特點對於中小投資者來說是比較合適的投資方式。

●按組織形態分類

根據組織形態不同，投資基金還可分為契約型投資基金和公司型投資基金兩種。

契約型投資基金

契約型投資基金也稱信託投資基金，是基金發起人依據與基金託管人、基金管理人訂立的基金契約，發行基金單位組建的投資基金。

公司型投資基金

公司型投資基金是由具有共同投資目標的眾多投資者，組成以贏利為目的的股份制投資公司，並將資產投資於特定對象的投資基金。

●按投資收益與風險的不同分類

根據投資收益和投資風險的不同，可分為平衡型投資基金、成長型投資基金、收入型投資基金。

平衡型投資基金

平衡型投資基金是指以獲得當期收入和追求基金資產長期增值為投資目標，以保證資金的安全性和贏利性，把資金分散投資於債券和股票的基金。

成長型投資基金

成長型投資基金是指以追求資本長期成長作為其投資目的的投資基金，此類基金一般很少分紅，經常將投資所得的紅利、股息和盈利進行再投資，以實現資本增值。

收入型投資基金

收入型投資基金是能為投資者帶來高水準當期收入的投資基金。收入型基金一般把所得的紅利、利息都分配給投資者。這類基金雖然成長性較弱，但風險相應也較低，適合保守的投資者。

基金的買賣技巧

●算成本

基金贖回成本不低，贖回之前一定要深思熟慮，謹慎決定。

具體來說，投資者在贖回股票基金時一般要支付贖回費，而在再投資時通常又要支付申購費用，一來一去當然有所損失，當基金淨值處於虧損時進行贖回，投資者的損失將更大。

除了實際可估算的交易成本外，贖回款一般要在交易日起再過七個交易日才能劃回帳戶。法定節假日及週末都不開市，直接後延。因此，投資者在贖回前還要算清楚此期間延誤投資的機會成本。

●看時機

由於有交易成本的存在，且市場趨勢難以把握，投資者贖回切忌盲目跟風，而應在對股市、基金公司進行充分分析後，把握準時機，選擇在市場將轉入空頭、達到損益條件、基本面變化這幾種情況時再考慮贖回。

可以根據投資目標是否已經實現、基金的「基本因素」有無變化（基本因素主要是指基金及基金管理公司的實力、基金經理、過往業績等）以及基金淨值是否跌至「止損位置」具體來看股票基金的贖回時機。

●選方法

贖回基金需要一定的方法。參照下面幾個方法，能大大減少不必要的損失。

分批減倉

無論是投資股票還是基金，分批減倉都是很好的法則。具體來看，數額較大或者基金投資占總資產比重較大的投資者，可以考慮逐步贖回，如可考慮市場反彈一定的幅度時贖回一部分，邊漲邊贖，這樣有利於降低風險，同時，也降低了倉位，可以在市場振盪下跌時逐步建倉新的基金品種。

「下午兩點半」法則

很多既炒股票又買基金的投資者，都熟悉「下午兩點半」法則：交易日下午三點前提交贖回申請，以當天的基金淨值作為成交價格；交易日下午三點後或為非交易日提交，以下一工作日的基金淨值作為成交價格。

減少贖回在途時間

有些基金投資者，由於選擇贖回的時間和方式不當而延長了基金贖回的在途時間。這就會增加投資的機會成本，也就間接地減少了投資收益。

比如說可以避免在節假日前申購和贖回，選擇交易在途時間短的基金，也可以利用「約定投資」來完成，即通過銀行或基金公司的網上交易系統，自動對基金申購和贖回的時間、價格進行提前約定，這樣系統就會按照投資者的指令自動完成交易，從而達到省時省力的目的。

挑選基金的技巧

市場上的基金有很多不同的類型，而同類基金中各檔基金也有不同的投資對象、投資策略等方面的特點。因此，投資者在選擇基金時不要盲目，掌握一些挑選基金的技巧很重要。

俗話說，簡單的就是最好的。基金產品的投資也一樣。因此，買基金巧取捷徑也需要從以下六個方面講究策略。

●圖安全性從買保本基金做起

保本基金都有一定的避險週期，投資者如果沒有足夠的時間和精力打理基金，可嘗試從保本基金做起，只要持滿基金的避險期，投資者就可以實現保本的願望，而且分享保本基金帶來的收益。

●買基金實現炒股票的樂趣，指數基金是首選

目前的指數型基金跟蹤的是目標指數。投資者只要通過觀察指數，就可以在指數

的變化中輕鬆獲利，而不需研究和分析某單檔股票的基本面，也不必理會單檔股票的漲漲跌跌。

●享受高效快捷的服務，可選擇定期定額買基金

定期定額是一種類似於銀行零存整取儲蓄的投資方式。這種方法對消費控制不力的投資者是非常有效的，它能起到強制存款並進行投資的目的。

●買了基金不滿意，不妨採用基金轉換方式

目前各家基金管理公司旗下都管理有多個基金品種，這些基金品種特點各異，收益也不一樣，加上優惠的轉換費率，投資者在對所買基金不滿意時，完全可以進行產品轉換。

●節約基金交易成本，選擇網路服務

目前的基金購買管道分基金管理公司的網上直銷和代銷單位。投資者離代銷單位的網點距離較遠，網路買基金則是解決之道，不但節省大量的交通費用，而且還能享

受網上費率打折的優惠。

●享受優質服務，優選行銷經理

目前，基金的宣傳和投資理念的教育還處於起步階段，迫切需要大量優秀的基金行銷人員。因此，選擇一位優秀的基金行銷經理，指導自身的財務規劃，進行基金產品的服務是非常有必要的，並且這對降低投資基金中的風險也是很有幫助的。

除此之外，在挑選基金的時候，還要兼顧基金發行規模和個人基金資產配置比例、基金淨值增長和基金分紅等方面來加強對基金的瞭解，同時，要學會對比，比如，基金運作規模之間的對比、基金過往業績的對比、基金產品投資組合中的對比、基金經理之間的對比、基金費率之間的對比等，來達到選擇好基金進行投資的目的。

總之，只要投資者留心，基金投資中的捷徑無處不在。為了讓自身的投資更加輕鬆愉快，投資者一定要結合自身的投資偏好和生活習慣，只有做到對基金產品的運作特點、服務功能瞭若指掌，才能享受由基金所帶來更多的專家理財服務，獲取更高的收益。

用錢賺錢——外匯

如今，外匯正吸引著越來越多人的目光。這是一種真正用錢賺錢的投資。任何商品都有差別，相應地會有差價，而有差價就會有獲利的空間，貨幣也是如此。投資外匯就是獲取不同貨幣之間的差價。在外匯市場，無論經濟發展還是衰退，投資者都有利可圖。

什麼是外匯？

外匯的概念具有雙重含義，即有動態和靜態之分。

外匯的動態概念，是指把一個國家的貨幣兌換成另外一個國家的貨幣，藉以清償國際間債權、債務關係的一種專門性的經營活動。它是國際匯兌的簡稱。從這個意義上講，外匯也就等同於國際結算或外匯交易活動。在現實的國際結算中，人們並不是把不同的貨幣在不同國家之間運來運去，而主要是通過國際信用工具如外匯匯票在國際間進行傳遞，將各種債權債務關係集中到銀行帳戶上加以沖抵和劃轉來實現最終的支付。

外匯的靜態概念，是指外國貨幣或以外國貨幣表示的能用於國際結算的支付手段。

外匯的分類

外匯有多種分類方法。

●按能否自由兌換分類

外匯按能否自由兌換，可分為自由兌換外匯、有限自由兌換外匯和記帳外匯。

自由兌換外匯

就是在國際結算中用得最多、在國際金融市場上可以自由買賣、在國際金融中可以用於償清債權債務，並可以自由兌換其他國家貨幣的外匯。例如美元、港幣、加拿大元，等等。

有限自由兌換外匯

則是指未經貨幣發行國批准，不能自由兌換成其他貨幣或對第三國進行支付的外匯。國際貨幣基金組織規定凡對國際性經常往來的付款和資金轉移有一定限制的貨幣均屬於有限自由兌換貨幣。世界上有一大半國家的貨幣屬於有限自由兌換貨幣。

記帳外匯

又稱清算外匯或雙邊外匯，是指記帳在雙方指定銀行帳戶上的外匯，不能兌換成其他貨幣，也不能對第三國進行支付。

●按來源和用途分類

根據外匯來源與用途的不同，可以分為貿易外匯、非貿易外匯和金融外匯。

貿易外匯

又稱實物貿易外匯，是指來源於或用於進出口貿易的外匯，即由於國際間的商品流通所形成的一種國際支付手段。

非貿易外匯

是指貿易外匯以外的一切外匯，即一切非來源於或用於進出口貿易的外匯，如勞務外匯、僑匯和捐贈外匯，等等。

金融外匯

金融外匯與貿易外匯、非貿易外匯不同，是屬於一種金融資產外匯，例如銀行同業間買賣的外匯，既非來源於有形貿易或無形貿易，也非用於有形貿易，而是為了各種貨幣頭寸的管理和調劑。資本在國家之間的轉移，也要以貨幣形態出現，或是間接投資，或是直接投資，都形成在國家之間流動的金融資產，特別是國際遊資數量之大，交易之頻繁，影響之深刻，不能不引起有關方面的特別關注。

貿易外匯、非貿易外匯和金融外匯在本質上都是外匯，它們之間並不存在不可逾越的鴻溝，而是經常互相轉化。

●按外匯匯率市場走勢分類

根據外匯匯率的市場走勢不同，外匯又可區分為硬外匯和軟外匯。

外匯就其特徵意義來說，總是指某種具體貨幣，如美元外匯是指以美元作為國際支付手段的外匯；英鎊外匯是指以英鎊作為國際支付手段的外匯；日元外匯是指以日元作為國際支付手段的外匯，等等。在國際外匯市場上，由於多方面的原因，各種貨幣的幣值總是經常變化的，匯率也總是經常變動的，因此根據幣值和匯率走勢我們又可將各種貨幣歸類為硬外匯（又稱硬貨幣）和軟外匯（又稱軟貨幣），或叫強勢貨幣和弱勢貨幣。

匯率的概念

匯率亦稱「外匯行市或匯價」，是一國貨幣同另一國貨幣兌換的比率，是以一種貨幣表示另一種貨幣的價格。如果把外國貨幣比做商品的話，那麼匯率就是買賣外匯的價格。由於世界各國貨幣的名稱不同，幣值不一，所以一國貨幣對其他國家的貨幣要規定一個兌換率，即匯率。

匯率是國際貿易中最重要的調節槓桿，因為一個國家生產的商品都是按本國貨幣來計算成本的，要拿到國際市場上競爭，其商品成本一定會與匯率相關。匯率的高低也就直接影響該商品在國際市場上的成本和價格，直接影響商品的國際競爭力。

外匯的買賣技巧

對於那些初涉外匯的投資者來說，由於缺少經驗、技巧和相關的知識，難免要走彎路，付出一定的代價。但萬物皆有規律可循，根據前人的經驗總結，投資外匯有以下技巧：

耐心

務必要有耐心，耐心是發現趨勢的先決條件。

學會建立頭寸、斬倉和獲利

1建立頭寸是開盤的意思。開盤也叫敞口，就是買進一種貨幣，同時賣出另一種貨幣的行為。開盤之後，長了（多頭）一種貨幣，短了（空頭）另一種貨幣。選擇適當的匯率水準以及時建立頭寸是盈利的前提。如果入市時機較好，獲利的機會就大；相反，如果入市的時機不當，就容易發生虧損。

2斬倉是在建立頭寸後，所持幣種匯率下跌時，為防止虧損過大而採取的平盤止損措施。例如，以一點六的匯率賣出英鎊，買進美元。後來英鎊匯率上升到一點六二。為防止英鎊繼續上升造成更大的損失，便在一點六二的匯率水準買回英鎊，賣出美元。有時交易者不認賠，而堅持等待下去，希望匯率回頭，這樣當匯率一味下滑時，就會遭受巨大虧損。

3獲利的時機比較難掌握。在建立頭寸後，當匯率已朝著對自己有利的方向發展時，平盤就可以獲利。掌握獲利的時機十分重要，平盤太早，獲利不多：平盤太晚，又可能延誤了時機，匯率走勢發生逆轉，不盈反虧。

●「金字塔」加碼

它的意思是在第一次買入某種貨幣之後，該貨幣匯率上升，眼看投資正確，若想加碼增加投資，應當遵循「每次加碼的數量比上次少」的原則。這樣逐次加買數會越來越少，就如「金字塔」一樣。因為價格越高，接近上漲頂峰的可能性就越大，危險也越大。

●買漲不買跌

外匯買賣同股票買賣一樣，寧買升，不買跌。因為在價格上升的過程中只有一點是買錯了的，即價格上升到頂點的時候，匯價像從地板上升到天花板，無法再升。除了這一點，其他任意一點買入都是對的。

在匯價下跌時買入，只有一點是買對的，即匯價已經落到最低點，就像落到地板上，無法再低。除此之外，其他點買入都有可能是錯的。由於在價格上升時買入，只有一點是買錯的，但在價格下降時買入卻只有一點是買對的，因此，在價格上升時買入盈利的機會比在價格下跌時大得多。

不要盲目追求整數點

外匯交易中，有時會為了強爭幾個點而誤事，有的人在建立頭寸後，給自己定下一個盈利目標，心裡時時等待這一時刻的到來。有時價格已經接近目標，機會很好，只是還差幾個點未到位，本來可以平盤收錢，但是礙於原來的目標，在等待中錯過了最好的價位，坐失良機。

不參與不明朗的市場活動

當感到匯市走勢不夠明朗，自己又缺乏信心時，以不入場交易為宜。否則很容易做出錯誤的判斷。

在盤局突破時建立頭寸

盤局指牛皮行市，匯率波幅狹窄。盤局是買家和賣家勢均力敵，暫時處於平衡的表現。無論是上升過程還是下跌過程中的盤局，一旦盤局結束時，市價就會破關而上或下，呈突破式前進。這是入市建立頭寸的大好時機。

建造「黃金屋」——房產

擁有房子，不僅可以居住，還可以作為一種家庭財產保值的有效手段。投資房產，是拿明天的錢圓今天的夢，它的風險低，升值空間大。

房子是看得見摸得著的固定資產。近幾年房價一直居高不下，買房可以用「建造黃金屬」來形容，而人們投資房產的熱情也是一直持續高漲。

房產投資的概念

隨著房地產業的發展和住房制度改革的推進，許多家庭在滿足溫飽型生活的基礎上，把多餘的錢投向利潤高、風險小的房地產業。

房地產是指房屋建築與建築土地有機結合的整體，它既是最基本的生產資料，又是最基本的生活資料。由於房地產在物質形態上總是表現為房地不可分離以及難以移動等特性，所以通常把房地產稱為不動產。

選房投資四步驟

中醫在長期醫療實踐中，總結出四種診療疾病的方法，這就是望、聞、問、切四診。買房對於大多數人來說是一件大事，因此，我們在選房時也要巧妙地運用「望、聞、問、切」四診，不斷地察看房子的裡裡外外，千萬不能急於求成，妄下判斷。

●「望」

「望」是指多瞭解市場行情。

首先，要瞭解房價走勢以及熱點區域。例如自己所在的城市近期房價漲跌勢如何，哪些區域漲跌快些，哪些區域慢些，哪些樓盤賣得火。其次，對一些大的開發商和項目要有所瞭解。一般而言，品牌開發商的專案品質會比較有保證。再次，至少要學會看樓書、沙盤，看戶型圖、樣板間，這樣才能用更專業、實用的眼光去看房。

●「聞」

「聞」是指有空多跑售樓處。

跑售樓處有一個基本的好處，就是你可以知道這個項目大致要多長時間竣工，現在進展到什麼階段，以及周邊的交通配套等情況。一周跑上兩三家。一個月就是八到十二家，這樣貨比三家，最後所做的決定就會更準確，至少不會太離譜。

通過多種媒體掌握資訊。平時多看報紙、多上網、多接觸電視及戶外媒體的樓宇廣告，萬一沒時間跑售樓處，從媒體上瞭解專案資訊也是個好辦法。在資訊高度發達的今天，房地產已是媒體資訊和廣告的重要支柱，通過媒體一方面可以掌握樓市宏觀的發展形勢，較準確地判斷其下一步的走勢；另一方面，多數樓盤都會通過媒體做廣告，我們可以從各類媒體中瞭解大量的樓盤資訊。

●「問」

「問」是指善於在售樓處提問題。

當你選定中意的樓盤，來到售樓處，面對熱情似火的售樓員時，務必要保持冷靜的頭腦。在售樓處應盡可能多地提出疑問，包括樓盤的銷售方式、具體價格、入住時間、入住條件、車位、交通、配套設施、公設面積、戶型等，不能錯過每一個細微的問題。

●「切」

「切」是指到實地進行考察。

百聞不如一見，瞭解的資訊再多都不如到實地去走走看看。考察的內容包括內外兩方面。內，就是居住區以內的交通、配套、戶型等，並具體到房子的防水、牆角、室內裝潢和做工、採光、牆體、廚房、衛浴等細節的問題。另外，就是居住區以外的交通、教育、醫療、商業、娛樂等配套，甚至包括居住區到上班地點的距離。這些都要自已親臨現場才能知曉，而不能聽開發商的一面之詞。

以房養房的投資方法

近年來，有不少人是靠「以房養房」理財積累財富的。他們通常的做法就是，原先購買過一套面積較小的住房，後來為了改善居住條件而另外貸款，購買了一套大面積的住房，然後將先前的住房出租，用獲取的租金來償還銀行房貸，如果每月的租金大於每月償還的房貸，則還能獲取一定的收益。

對擁有一套以上房產者而言，「以房養房」是如何「打理房產」的？對全額付款來說，按目前一般住宅平均回報率算，還是高於銀行存款，這樣的「以房養房」幾乎無風險可言，遠比實業經營和炒股輕鬆和安全。從目前的大城市房產行情看，「以房養房」回報率高於銀行存款，收入穩定。

以房養房投資理財的幾種方法如下：

出租舊房，購置新房

如果你的月收入不足以支付銀行貸款本息，或是支付後不足以維持每月的日常開銷，而你卻擁有一套可以出租的空房，且這套房子所處的位置恰好是租賃市場的熱點地區，那麼你就可以考慮採用這個方案，將原有的住房出租，用所得租金償付銀行貸款來購置新房。

投資購房，出租還貸

有些人好不容易買了套房，卻要面對沉重的還貸壓力，雖然手裡還有一些存款，但一想到每個月都要把剛拿到的薪水再送回銀行，而自己的存款不知什麼時候才能再增加幾位數，心裡就不是滋味。

在這種情況下，可以再買一套房子，用來投資。如果能找到一套租價高、升值潛力大的公寓，就可以用每個月穩定的租金收入來償還兩套房子的貸款本息，這樣不僅解決了日常還貸的壓力，而且還獲得了兩套房產。問題的關鍵是要判斷準確。

出售或抵押，買新房

如果你手頭有一套住房，但並不滿意，想改善居住條件，可手裡又沒錢，好像一時半會兒買不了新房，那該怎麼辦呢？

其實如果你將手中的房子出售變為現金，就可以得到足夠的資金。你可以將這部分錢分成兩部分，一部分買房自住，一部分採用第二個辦法用來投資。

如果你賣了舊房卻一時買不到合適的新房自住，就不如把原來的房產抵押給銀行，用銀行的抵押商業貸款先買房自住，再買房投資。這樣，不用花自己的錢，就可以實現你既改善住房，又當房東的夢想了。

在這裡告訴大家兩個計算以租養房投資收益的方法：

▼**投資回報率分析公式：**

投資回報率=（稅後月均租金－物業管理費）×12÷購買房屋單價

此種方法是目前地產投資中最常用的，此方法考慮了租金、房價及兩者的相對關係，套用在股市投資上可類比為市盈率，是選擇「績優房產」的簡捷方法。但它又有弊端，沒有考慮全部的投入與產出，沒有考慮資金的時間價值，並且對按揭付款方式不能提供具體的投資分析。

▼投資回收時間分析公式：

投資回收年數＝（首期房款＋期房時間內的按揭款）÷（稅後月租金－按揭月供款）×12

這種方法類似於股市投資分析中的K線圖分析，考慮了租金、價格、前期的主要投入因素，但未考慮前期的其他投入、資金的時間價值因素，可用於簡略估算資金回收期的長短，但不能解決多套投資的收益分析。這種方法適用範圍廣，但也有片面性，並不是最理想的投資分析工具。

房產升值八大因素

自住購房時，考慮最多的是價格合適、居住合適等問題，而投資購房時，就像投資股票一樣，考慮最多的是房產的升值問題，包括房屋價格和租金的上升。一般來說，投資股票，你沒有實力坐莊，你就難以把握自己的命運，任人擺佈的時候居多，但是，投資房地產，即使你只是一個中小投資者，也不影響獲利。當然，你得掌握並運用好房產升值的八大因素。

周邊環境

周邊環境包括生態環境、人文環境、經濟環境。任何環境條件的改善都會使房產升值。應用這一因素的關鍵也是要研究城市規劃方案，恰當掌握好投資時機。

社區背景

每一個社區都有自己的背景，特別是文化背景。在這樣一個知識經濟時代，文化層次越高的社區，房產越具有增值的潛力。

交通狀況

影響房產價格最顯著的因素是地段，決定地段好壞的最活躍的因素是交通狀況，一條馬路或城市地鐵的修建，可以立即使不好的地段變好，好的地段變得更好，相應的房產價格自然也就直線上升。投資者要仔細研究城市規劃方案，關注城市的基本建設進展情況，以便尋找具有升值潛力的房產。應用這一因素的關鍵是掌握好投資時機。投資過早，資金可能被「套牢」：投資過晚，可能喪失上升空間。

物業管理

以投資為目的購買房產，更應注意物業管理的水準，它直接決定了租金的高低。另外，有些物業管理也有代業主出租的業務，因此買房時要注意，一個得力的銷售部門也許會給以後的出租帶來很多方便。應用好這一因素的關鍵是在購房時，應將物業管理公司的資質、信譽和服務水準加以重點考慮。

配套設施

「足不出戶」（戶：指社區）就能夠解決所有的生活問題，是社區模式的最高境界。很多社區是逐步發展起來的，其配套設施也是逐步完善的。

配套設施完善的過程，也就是房屋價格逐漸上升的過程。應用這一因素的關鍵是要看開發商的實力，如果社區的開發工程中途停止，配套設施的完善也就泡湯了。

房屋品質

隨著科學技術的發展，住宅現代化被逐步提到日程上來。網路家居、環保住宅等已經成為現實。實際上，房屋的品質是在不斷提高的。單從這個意義上說，已建成的房子會隨著時間的推移而不斷貶值。這就要求投資者在買房時，要特別注意房屋的品質，對影響房屋品質比較敏感的因素，如佈局、層高、建築品質等，要重點考慮其抗「落伍」性。

期房合約

投資期房具有很大的風險，投資者要慎而又慎。但一般來說，風險大，收益也大。如果能夠合理、合法地應用好期房合約的話，應該是可以獲得豐厚回報的。

需要注意的是，要挑選有實力和信譽的開發商。這樣可以保證能夠按期拿到合乎標準的房子，或者萬一出現開發商違約的情況時，也能夠保證資金的安全和獲得開發商付給的違約金。

最保值的投資品種——黃金

黃金具有商品和金融雙重職能。因此，可以說黃金是一種沒有地域及語言限制的國際公認貨幣。它代表著最真實的價值，即購買力。

當今，通貨膨脹發生在全世界的每個角落，即使最堅挺的貨幣也會因通貨膨脹而貶值，但黃金卻具有相對永恆的價值。

所以，黃金投資是財產保值增值的一種主要方式。想要股資的人一定要把握好時機，投資黃金吧！

黃金投資的種類

黃金投資品種主要有紙黃金與實物黃金。

紙黃金

紙黃金就是個人記帳式黃金，是指投資者按照銀行報價，在帳面上買賣虛擬黃金以獲取差價的投資方式。

紙黃金的發生一般是由黃金市場上資金實力雄厚、資信程度良好的商業銀行、黃金公司或大型黃金零售商所出具，如商業銀行出具的黃金定期儲蓄存單、黃金匯票和黃金帳戶存摺等等。

由於在紙黃金交易時，買賣雙方成交後清算交收的標的物是一張黃金所有權的憑證而不是黃金實物，而稱之為紙黃金。

實物黃金

實物黃金包括金條、金幣等，又可分為純粹投資性金條和紀念性黃金製品兩種。

1投資性金條，加工費用低廉，各種附加支出也不高，變現能力非常強，在全世界範圍內都可以方便地進行買賣，並且世界大多數國家和地區都對黃金交易不徵交易稅。

2紀念性黃金製品則包括紀念性金條、金塊、金幣，等等。因為紀念幣價值大於黃金本身，而影響紀念幣價格的包括其稀有程度、市場需求、工藝造型、鑄造年代、金幣品相等，具有收藏價值，因此價格較高。如果兌現，金價就要打很大的折扣。

與黃金有關的投資品種

黃金期權

黃金期權是購買期權的一方在付給賣出期權的一方一定數量的期權費之後，在未來約定的時間內，具有按照約定的價位購買或出售一定數量黃金或者黃金期貨的權利而非義務。

如果黃金的價格走勢對期權購買者有利，那麼他就可以期權獲利，如果價格走勢對他不利，購買者則放棄期權，損失只有當初購買期權的費用。

黃金期權可以是黃金投資者用來抵抗風險的投資方法。如在現貨市場做多的同時，可以在期權市場上賣出看漲期權。

這樣，如果金價上漲，投資者可以在現貨市場上獲利，而在期權市場上只損失期權費。如果金價下跌，投資者可以在期權市場上獲利，以彌補現貨市場上的損失。

黃金類理財產品

目前，有部分銀行開發不少了理財產品，大體上是提供本金保障的承諾。如果出現最不利的情況，投資者也可拿到本金。市場上，黃金類的理財產品的收益率大體上限制在百分之八左右，期限從六個月到一年不等。

黃金類理財產品的投資也有少許不利，假如市場黃金的價格在理財期內上漲，但投資者只能拿到百分之八的收益率。而且，黃金理財產品的流動性也比較差，它不像黃金和外匯買賣那樣，隨時買進，隨時賣出。要贖回產品，必須交出一定的違約金。

在投資市場上，供投資者選擇的投資品種十分豐富。而黃金投資便是投資組合中的一部分。而黃金投資也逐漸成為個人理財投資的熱門。隨著各家銀行相繼推出各類黃金業務，越來越多的年輕人開始對「炒金」投資躍躍欲試。

黃金投資的優勢

就目前的形勢來看，世界範圍內的通貨膨脹都在抬頭，作為一種增值保值的理財工具，黃金又到大顯身手的時候。目前，黃金價格仍處在上升週期中，投資者把握好機會，無疑將會有較大獲利空間。黃金確實是非常好的保值工具，值得中長期持有。

保值增值的最佳理財工具

在世界性的超長週期的通貨膨脹時代，對大多數普通投資者來講，投資黃金是最好的方法。黃金的抗風險能力和抵禦通貨膨脹的功能很強，投資黃金，不僅保值而且還增值。黃金資源不可再生，金礦勘探開發週期一般要七到十年，作為稀有金屬，近年來，黃金價格不斷攀升，黃金投資市場處於長期牛市，並將延續牛市。

投資黃金，是一種理智的選擇。黃金相對其他資產或者投資的優勢在於黃金內在的價值始終較高，保值和變現能力強。從長期看，黃金具有抵禦通貨膨脹的作用：黃金是永恆的儲值和支付手段；黃金是投資實現多元化的有效手段；黃金可變現性強。

由於黃金本身的固有特性，不論年代有多久遠，其質地根本不會發生變化，價值恆久。黃金的投資價值在於其具有對抗通貨膨脹、無時間限制的公平交易、實物交收便利等方面的獨特優勢。但黃金同時也存在價格變化比較慢、本身不能生息、不具備增量功能，它的保值增值能力更多地體現在價格變動和價差上。

黃金熱漲

看看黃金的四十年歷史走勢圖，就會發現黃金是「不漲則已，一漲驚人」的類似超級小盤績優股的投資品種。現在黃金處於一個二十年熊市調整完成的狀態，也就是說，黃金處在一個超級大牛市中，這是一個非常完整的黃金四十年的走勢圖。

歷史上黃金從一九七一年的三十五美元／盎司一口氣暴漲到了一九八〇年的八百五十美元／盎司，這段暴漲只用了九年多的時間，價格漲幅達到了廿三倍，這是黃金價格走勢的第一個牛市。

經歷了二十世紀七〇年代的黃金大幅暴漲後，黃金價格出現了一個二十年的熊市調整，直到二〇〇一年黃金的大熊市才結束。二〇〇一年，黃金開始了第二個大牛市的征程，這次牛市的規模要比上次牛市的規模還要龐大，至少還將持續十年以上，黃金價格還有兩到三倍的漲幅。

黃金市場，二〇〇九年以各種貨幣計價的黃金市場價格勢如破竹，屢創新高。其中計價黃金二〇〇九年九月份以來基本保持在一千美元／盎司上方運行，並創下一二二六點四美元／盎司的紀錄。黃金的投資價值日益顯現，從股票、基金市場撤出的投資者，不妨轉戰黃金這個大牛市。

二〇〇七年以來，國際金價連創新高，投資者對金融市場及經濟的擔憂、美元的疲軟、高通貨膨脹率、上市交易基金需求的增長，以及黃金生產商減少對沖等各種因素，均對黃金價格構成支撐，黃金價格還將繼續看漲。黃金作為一種中長期投資，保值功能在國內投資中逐漸升溫，是非常適合投資者的投資品種。但黃金價格也有波動，也要選擇適當的時機進入。一般說來，把投資總額的百分之十用於黃金投資就比較合適，而靠投資黃金實現暴富是不現實的。

黃金投資須知

最近幾年來，黃金價格不斷攀升，許多投資者對此心動不已。黃金投資也逐漸成為個人理財投資的熱門。在投資之前，還要瞭解一些跟黃金有關的知識。

保持適度原則

對於投資者而言，在投資黃金的過程中要注意保持適度。投資者應根據自己的資金實力和預期目標來追求投資回報。

一般來說，每個人在風險偏好、資金實力、時間安排、操作手法等方面都不相同，在進行黃金投資前，需要根據實際情況量體裁衣，正確做好投資前的準備工作。

儘量投資紙黃金

有很多投資者從事實物黃金投資。但是，目前國內實物黃金的交易制度並不完善，中間存在許多風險。其實實物黃金只是銀行所提供的黃金業務中的一種，目前還有一種看不見摸不著的黃金，我們把它稱為紙黃金。

所謂紙黃金，是指投資者在帳面上買進賣出黃金賺取差價獲利的投資方式。也就是說，投資者買賣黃金不進行實物黃金交割，但可以通過把握市場走勢低買高拋，從中獲得價格波動的收益，不見真金照樣炒金。

不僅如此，與實物黃金相比，紙黃金全過程不發生實金提取和交收的二次清算交割行為，從而避免了黃金交易中的成色鑒定、重量檢測等手續，省略了黃金實物交割的操作過程，對於有炒金意願的投資者來說，紙黃金的交易更為簡單便利，獲利空間也更大。

長期持有

雖然投資紙黃金被視為投資者進入國際黃金市場的最直接途徑，使投資者無須持有真實黃金。只憑一紙帳戶就可自由進行黃金交易，但投資者也不能完全無視風險的存在。

由於黃金價格波動較小，投資者在投資黃金產品時切忌急功近利，建議培養長期投資的理念。

小成本對決大損失——保險

在我們的生活中，風險無處不在，無時不有，只有未雨綢繆，才能防患於未然。而保險就是我們較好的選擇。

保險是理財，不是消費，是花錢轉移風險的投資。如果說銀行儲蓄是家庭理財的後衛，用於應急支出；債券是中場，可進可守；股票和房產是前鋒，會帶來財富的迅速增加，那麼保險就是一個家庭中強有力的守門員。這個守門員在風險管理和家庭理財規劃方面發揮著主要的作用。

保險的含義

從廣義上說，保險包括有社會保障部門所提供的社會保險，比如社會養老保險、社會醫療保險等，還包括專業的保險公司按照市場規則所提供的商業保險。

從狹義上說，保險是投保人根據合同約定，向保險人支付保險費，保險人對於合同約定可能發生的事故，因其發生所造成的財產損失承擔賠償保險金的責任。或者當被保險人死亡的時候、傷殘的時候或者達到合同約定的年齡、期限的時候承擔給付保險金責任的商業保險行為。這裡主要講的是商業保險，而不是我們說的社會保險。

保險的分類

按保險標的或保險對象分類

按保險標的或保險對象劃分，保險主要分為財產保險和人身保險兩大類。這是最常見的一種分類方法。

財產保險。財產保險以物質財產及其有關利益、責任和信用為保險標的，當保險財產遭受保險責任範圍內的損失時，由保險人提供經濟補償。

財產分為有形財產和無形財產。廠房、機械設備、運輸工具、產成品等為有形財產；預期利益、權益、責任、信用等為無形財產。

與此相對應，財產保險有廣義和狹義之分。廣義的財產保險是指以物質財富以及與此相關的利益作為保險標的的保險，包括財產損失保險、責任保險和信用（保證）

保險。狹義的財產保險是指以有形的物質財富作為保險標的的保險，主要包括火災保險、海上保險、貨物運輸保險、汽車保險、航空保險、工程保險、利潤損失保險和農業保險，等等。

人身保險。人身保險以人的壽命和身體為保險標的，並以其生存、年老、傷殘、疾病、死亡等人身風險為保險事故。在保險有效期內，被保險人因意外事故而遭受人身傷亡，或在保險期滿後仍然生存，保險人都要按約給付保險金。人身保險包括人壽保險、人身意外傷害保險和健康保險，等等。

按承保風險的不同分類

根據承保風險的不同，保險可劃分為單一風險保險和綜合風險保險。

單一風險保險。它是指僅對某一可保風險提供保險保障的保險。例如，水災保險僅對特大洪水事故承擔損失賠償責任。

綜合風險保險。它是指對兩種或兩種以上的可保風險提供保險保障的保險。綜合風險保險通常是以基本險加附加險的方式出現的。當前的保險品種基本上都具有綜合保險的性質。例如我國企業財產保險的保險責任包括火災、爆炸、洪水，等等。

按保險實施方式分類

按保險的實施方式劃分，可分為強制保險與自願保險，商業保險與社會保險。

1強制保險是國家通過立法規定強制實行的保險。強制保險的範疇大於法定保險。法定保險是強制保險的主要形式。

2自願保險是投保人根據自身需要自主決定是否投保、投保什麼以及保險保障範圍。

3商業保險，又稱金融保險，是指按商業原則所進行的保險並以贏利為目的。具體而言，是指投保人根據合同約定，向保險人支付保險費，保險人對於合同約定的因可能發生的事故而造成的財產損失承擔賠償保險金責任，或者當被保險人死亡、傷殘、疾病或者達到合同約定的年齡、期限時承擔給付保險金責任的保險行為。

4社會保險是指國家通過立法強制實行的，由個人、單位、國家三方共同籌資，建立保險基金，對個人因年老、工傷、疾病、生育、殘廢、失業、死亡等原因喪失勞動能力或暫時失去工作時，給予本人或其供養直系親屬物質幫助的一種社會保障制度。社會保險具有法制性、強制性、固定性等特點，每個在職職工都必須實行，所以，社會保險又稱為（社會）基本保險，或者簡稱為社保。

社會保險按其功能又分為養老保險、工傷保險、失業保險、醫療保險、生育保險，等等。

保險的理賠事項

在現實生活中，許多人之所以不買保險，原因之一就是「投保容易理賠難」。這種事實上的理賠不及時不僅影響了保險消費者的利益，也在一定程度上使保險公司的信譽受到了損害。

造成理賠難的問題

在很多投資人的心目中，理賠難成了一個大問題。除了保險運作不及時外，還存在其他一些原因，尤其是以下四點成為糾紛的熱點問題：隱瞞病史、退保縮水、無效簽名及定損分歧。

隱瞞病史。病史糾紛在保險理賠糾紛中較為常見。隱瞞病史主要在兩種情況下發生：一是代理人誤導；二是被保險人主觀隱瞞。保險公司指出，對於第一種情況，保險公司一般要承擔全部責任。不過，在如何界定代理人「誤導」上，一直存在舉證困難。而對於第二種情況，保險公司則可明確拒賠。

無效簽名。保單代簽名之所以不被承認，很重要的是為了防範道德風險。不要自作聰明，買這樣的保險一定要被保險人簽字。

定損分歧。定損主要發生在車險裡。保險公司在理賠定損時與事主發生糾紛的現象並不少見。主要原因是保險公司既當「運動員」又當「裁判員」的做法讓人無法信任。一旦當事雙方各執一詞時，投保人出險後，需要根據實際出險情況及其所造成的後果，依據保險合同，向保險公司提出賠償的要求和理由，以分擔出現的風險。當事人可向保險評估單位求助。

投保人獲得理賠的做法

投保人要獲得法律的支持，準確、快速索賠，要做到以下幾點：

及時向保險公司報案。報案是保險索賠的第一個環節。一般情況下，投保人應在保險事故發生十日內通知保險公司，由於各個險種的理賠時效不盡相同，所以一定要根據保險合同的規定及時報案，將保險事故發生的性質、原因和程度報告給保險公司。

符合責任範圍。報案之後，保險公司或業務員會告知客戶發生的事故是否在保險責任範圍之內。投保人也可以通過閱讀保險條款、向代理人諮詢或撥打保險公司的熱線電話進行確認。保險公司只是對被保險人確實因責任範圍的風險引起的損失進行賠償，對於保險條款中的除外責任，如自殺、犯罪和投保人和被保險人的故意行為，保險公司並不提供保障。

提供索賠資料。索賠資料是保險公司理賠的依據，大抵有以下三類：一是事故類證明，如意外事故證明、傷殘證明、死亡證明、銷戶證明；二是醫療類證明，包括診斷證明、手術證明及處方、病理血液檢驗報告、醫療費用收據及清單等；三是受益人身分證明及與被保險人關係證明。

正確選擇投資型保險

投資型保險，是客戶的保單利益與保險公司的資金運用直接掛鉤的保險險種。通常由分紅險、萬能險及投資聯結保險這三類組成。但分紅險與後兩類相比，投資的功能並不明顯，而且透明度相當低。所以，有的分類只將萬能保險及投資聯結保險視為投資型保險。

目前在市面上比較熱銷的投資類保險主要有：分紅保險、投資聯結保險和萬能壽險三大類幾十個品種。在投資時，要通過保險產品的組合，選擇最適合自己的保險套餐。因此，在購買時應根據自己的實際需求（如人身保障、養老保障、子女教育、健康保障、防範意外等）和風險承受能力（可通過測試得出）去選擇。

分紅保險

分紅保險是在投保人付費後，得到保障的情況下，享受保險公司一部分的經營成果的保險，根據保險監督管理委員會的規定，分紅一般不得少於可分配利潤的百分之七十。若保險公司經營不善時，分紅可能非常有限，或者可能沒紅可分。但是，分紅保險設有最低保證利率，客戶的基本保障是有保證的，因此適合於風險承受能力低、對投資需求不高，希望以保障為主的投保人。

萬能壽險

萬能壽險具有分紅險的某些特點，設有最低收益保障，經營成果由保險公司和客戶共同分享，而交費等方面比較靈活。適合於需求彈性較大、風險承受能力較低、對保險希望有更多選擇權的投保人。

投資聯結保險

投資聯結保險顧名思義就是保險與投資掛鉤的保險，但更注重保障功能。設有保證收益帳戶、發展帳戶和基金帳戶等多個帳戶。每個帳戶的投資組合不同，收益率就不同，投資風險也不同。由於投資帳戶不承諾投資回報，保險公司在收取資產管理費後，所有的投資收益和投資損失均由客戶承擔。充分利用專家理財（行內有人稱為請專家為自己打工）的優勢，客戶在獲得高收益的同時也承擔投資損失的風險。因此投資聯結保險適合於具有理性的投資理念、追求資產高收益同時又具有較高風險承受能力的投保人。

當然，選擇保險公司也是一個重要的課題，由於保險的主要功能就是防範意外，但意外發生的時間和地點具有不確定性，意外也許發生在邊遠地方，因此要儘量選擇服務較好，能在第一時間提供服務的保險公司。在選擇好保險產品的基礎上，還要注意保險公司的網點分佈情況、實力的強弱，等等。

鋒利的雙刃劍——期貨

期貨股資是一種以小博大，雙向賺錢的藝術，可以進行數十倍於本金的投資操作，讓財富迅速放大或消失，極富挑戰性和刺激性。

期貨就像一把鋒利的雙刃劍，以其獨特的高風險和高收益特徵，使投資者既愛又恨。因此，期貨是高智商、高回報、高技術含量的理財方式。

期貨的含義

期貨是按雙方商定的條件，在約定的日期交割和清算的貨物、股票、外匯、債券，等等。

期貨市場

這是買賣期貨合約的市場。這種買賣是由轉移價格波動風險的生產經營者和承受價格風險而獲利的風險投資者參加的，在交易所內依法公平競爭而進行的，並且有保證金制度為保障。保證金制度的一個顯著特徵是用較少的錢做較大的買賣，保證金一般為合約值的百分之五至十五。與現貨交易和股票投資相比較，投資者在期貨市場上投資資金比其他投資要小得多，俗稱「以小博大」。期貨交易的目的不是獲得實物，而是迴避價格風險或套利，一般不實現商品所有權的轉移。期貨市場的基本功能在於給生產經營者提供套期保值、迴避價格風險的手段，以及通過公平、公開競爭形成公正的價格。

期貨合約

期貨合約是在交易所達成的標準化的、受法律的約束，並規定在將來某一特定地點和時間交割某一特定商品的合約。該合約規定了商品的規格、品種、品質、重量、交割月份、交割方式、交易方式等。該合約唯一可變的是價格，其價格是在一個有組織的期貨交易所內通過競價而產生的。

●**套期保值**

套期保值就是對現貨保值。簡單地說，就是在現貨市場買進（或賣出）商品的同時，在期貨市場賣出（或買進）相同數量的同種商品，這樣當市場價格出現波動時，一個市場上的虧損可以通過另一個市場上的贏利來補償。

●**期貨投機**

不以買賣實物為目的，而是利用期貨價格波動，預測將來某時買進或賣出某種商品期貨能夠盈利，並在現時就從事這種商品期貨買賣的行為叫期貨投機。它與社會上利用政策和管理漏洞進行投機是截然不同的。投機是促成市場的基本組成部分，在期貨市場中發揮著數種至關重要的經濟作用。

期貨交易的特點

●**以小博大**

槓桿原理是期貨投資的魅力所在。在期貨市場裡交易無須支付全部資金，目前國內期貨交易只需要支付百分之五的保證金即可獲得未來交易的權利。

由於保證金的運用，原本行情被以十餘倍放大。假設某日黃金價格漲停（期貨裡漲停僅為上個交易日的百分之三），如果我們操作正確，資金的利潤率達到百分之六十。當然，如果操作錯誤，損失也被放大，所以說期貨交易風險高。

●交易便利

由於期貨合約中主要因素（如商品品質、交貨地點等）都已標準化，合約的互換性和流通性較高。另外，期貨是「T+0」的交易，你可以隨時交易，隨時平倉，使資金的應用達到極致。

●資訊公開，交易高效

期貨交易通過公開競價的方式使交易者在平等的條件下公平競爭。同時，期貨交易有固定的場所、程序和規則，運作高效。

●雙向操作

期貨交易可以雙向交易，既能做多也能做空。價格上漲時可以低買高賣，價格下跌時可以高賣低補。做多可以賺錢，做空也可以賺錢，所以說期貨無熊市。

●合約的履約有保證

期貨交易達成後，需通過結算部門結算、確認，無須擔心交易的履約問題。期貨交易的費用低：對期貨交易國家不徵收印花稅等稅費，唯一費用就是交易手續費。

●期貨是零和市場

期貨市場本身並不創造利潤。在某一時段裡，不考慮資金的進出和提取交易費用，期貨市場總資金量是不變的，市場參與者的盈利來自另一個交易者的虧損。

期貨交易程序

●選擇期貨經紀公司

選擇期貨經紀公司時，要考慮如下一些因素：

資本雄厚，信譽好；聯繫方便及時，服務品質好；能主動向客戶提供各種詳盡的市場訊息；主動向客戶介紹有利的交易機會，並且誠實可信、穩健謹慎，有良好的商業形象；收取合理的履約保證金；合理、優惠的傭金；能為客戶提供理想的經紀人。

●開戶

客戶選擇一個期貨經紀公司，在該經紀公司辦理開戶手續。當客戶與經紀公司的代理關係正式確立後，就可根據自己的要求向經紀公司發出交易指令。

開戶的基本程序如下：

提供有關文件、證明材料；在準確理解《風險揭示聲明書》和《期貨交易規則》的基礎上，在《風險揭示聲明書》上簽字、蓋章；與期貨經紀機構共同簽署《客戶委託合同書》，明確雙方權利義務關係，正式形成委託關係；期貨經紀機構為客戶提供專門帳戶，供客戶從事期貨交易的資金往來，該帳戶與期貨經紀機構的自有資金帳戶必須分開。客戶必須在其帳戶上存有足額保證金後，方可下單。

●入市交易準備

在入市交易之前，應做好以下一些準備工作。

首先是心理上的準備。期貨價格無時無刻不在波動，因此入市前做好盈虧的心理準備十分必要。

其次是知識上的準備。期貨交易者應掌握期貨交易的基本知識和基本技巧，瞭解所交易商品的交易規律，正確下達交易指令，使自己在期貨市場上處於贏家地位。

再次是市場訊息上的準備。在期貨市場這個完全由供求法則決定的自由競爭市場上，資訊顯得異常重要。誰能及時、準確、全面地掌握市場訊息，誰就能在競爭激烈的期貨交易中獲勝。

最後是擬訂交易計畫。為了將損失控制到最小，使贏利更大，就要有節制地進行交易。入市前有必要擬訂一個交易計畫，作為參加交易的行為準則。

成功要有好的法寶

許多風險投資者喜愛期貨交易的原因，是其具有高風險和高收益的特性，還能創造神話和奇蹟。成功的交易不僅僅只是對機會的正確把握和判斷，更重要的是要有一個成功交易的法寶。

●制訂細緻的投資計畫

在每次進行交易之前，要有包括建倉的價位、每次操作的主基調，是短線、中線或長線，止損位和盈利的目標位等，都要經過認真的趨勢研判，制訂出一個嚴密詳細的計畫。有了計畫，還要制訂出嚴格的操作計畫，如果不能嚴格執行計畫，再好的計畫也沒有用。

●要先發現機會

成功的交易在於你能夠發現機會，而且還能夠發現一些正確的機會，有了這些正確的機會，就意味著你可能會獲利，相反，一個錯誤的機會必將導致你的虧損。所以，投資者在交易中獲得正確的交易機會主要考慮以下幾個方面。

首先是**時效性**。市場價格具有很強的波動性，這就要求交易機會要有很強的時效性。任何一筆交易的盈利或虧損都具有一定的有效時間，如果超出了這個時間，盈利或虧損都會發生逆轉的現象。

由於交割限制制度和保證金制度，投資者根本無法長期持有頭寸，常常會被迫虧損出場在還沒有等到盈利時期到來之前。這就更要求投資者把握好自己的機會尺度：如做多大規模的交易、多大級別的交易。投資者要學會通過對時間的分析確定自己的交易機會，並判斷自己機會的大小和取捨願望。

其次，**要找到適應自己的機會標準**。市場是不會主動給你一個機會標準的，特別是在市場價格變化中，投資者只有通過自己的承受能力來確定自己的機會標準。通過嚴格執行自己制定的機會標準，可以控制自己的虧損和交易利潤。在你進場以後，你就要用自己的機會標準來判斷自己是該出場還是繼續持有？如果觸及你的止損點就要馬上出場，因為市場運行方向和你的判斷標準已經不相符合了，相反，就可以一直持有，直到判斷標準給你發出離場信號。

再次是**相對性**。在交易中最常見的一種現象是投資者虧損持倉一直持有，而當獲利持倉時卻跑得非常快。這並非意味著投資者不理智，而是投資者自己也無法確定自己交易機會的選擇程度，原因是沒有一個明確的交易機會判斷標準。

期貨市場的交易不同於任何市場，如機會在交易中轉換得很快，甚至快得來不及反應，一筆交易在一分鐘前可以虧損，但一分鐘後就可能獲利；還有一種可能，今天獲利持倉，第二天就會虧損。

期貨交易市場和其他市場的一個本質區別就是機會的快速轉換，這也是期貨市場特有的特徵。看清機會的這種快速轉換性是正確理解交易機會的前提，交易機會具有極強的相對性。

●嚴格的資金管理和風險控制

通過資金管理，可以控制好持倉的比例。因為在期貨交易中實行的是保證金制度，也是槓桿的效應，所以持倉比例的控制更為重要。

資金管理包括資金運用配比的所有方面，如：風險分散、風險限度、單一市場保護性停止（損益）、投資組合構成（如收益—風險比），以及持續一段時間的順逆交易之後如何對待，保守型還是激進型。只對資金進行管理還不夠，因為有些投資者缺乏對風險的控制，最後以虧損結束，被迫出場，所以還需要對風險實行控制。

比如在進行交易前要先決定自己的退出點，或者交易的風險不要超過自己資金的百分之一到二，最多不要超過百分之五，這些都可以對風險實行控制。

小風險盈大利——債券

債券是一種安全穩定、能取得最多利潤的投資方式，被人們稱為「無風險證券」。債券的收益率比銀行儲蓄存款利率高，收益所得無須繳納利息稅，更重要的是其安全性高，風險性小，收益穩定，具有較好的流動性。

在投資風險加大的今天，投資債券有著非常重要的現實意義。

債券的含義

債券是政府、金融機構、企業等機構直接向社會籌措資金的時候，向投資者發行、按照承諾的利率支付利息並按約定條件償還本金的債權債務憑證。

通俗地說，就是政府、銀行或者企業資金緊張，想要向別人借錢，就發行債券，規定利率，讓投資者購買。這一點和定期存款比較相似，但不同的是，債權利率高一些，投資者持有的是債務憑證而不是存單。

債券包含了以下四層含義：

債券的發行人（政府、金融機構、企業等機構）是資金的借入者。

購買債券的投資者是資金的借出者。

發行人（借入者）需要在一定時期還本付息。

債券是債的證明書，具有法律效力。

債券購買者與發行者之間是一種債權債務關係，債券發行人即債務人，投資者（或債券持有人）即債權人。

債券是發債人為籌措資金而向投資者出具的，承諾按票面標的面額、利率、償還期等給付利息和到期償還本金的債務憑證。債券的基本內容有：

●發行額度

發行額度根據發行人的資金需求，所發債券種類及市場狀況決定。發行額定得過高或者過低都會影響債券的發行及交易。

●償還期限

償還期限根據發行人對資金需求的時間長短、利率的升降趨勢、證券市場的發達程度等確定。

●票面利率

票面利率是指債券的利息與債券票面金額的比率，根據債券的性質，信用級別及市場利率決定，它會直接影響發行人的籌資成本。

●付息方式

付息方式分為一次性付息與分期付息兩大類。一次性付息有三種形式：單利計息、複利計息、貼現計息。分期付息一般採取按年付息、半年付息和按季付息三種方式。

●發行價格

發行價格主要取決於債券期限、票面利率和市場利率水準。發行價格高於面額為溢價發行，等於面額為平價發行，低於面額為折價發行。

●償還方式

償還方式分為期滿後償還和期中償還兩種。主要方式有：選擇性購回，即在有效期內，按約定價格將債券回售給發行人。定期償還，即債券發行一段時間後，每隔半年或一年，定期償還一定金額，期滿時還清剩餘部分。

●信用評級

即測定因債券發行人不履約而造成債券本息不能償還的可能性。其目的是把債券的可靠程度公諸投資者，以保護投資者的利益。

債券的分類

●按照發行主體分類

按照發行主體分類為政府債券、金融債券、企業或公司債券和國際債券。

政府債券就是由政府發行的債券，包括中央政府債券、地方政府債券和政府保證債券。其中，中央政府債券就是通常所說的國債。它由一個國家政府的信用作擔保，所以信用最好，被稱為金邊債券。地方政府債券由地方政府發行，又叫市政債券。它的信用、利率、流通性通常略低於國債。

金融債券就是由銀行或非銀行金融機構發行的債券。其信用高、流動性好並且安全，利率高於國債。

企業或公司債券就是由一般企業或股份公司為籌資而發行的債券。發行公司債券一般是為企業籌措長期資金。其風險高、利率也高。

國際債券就是由外國政府、外國法人或國際組織、機構發行的債券，包括外國債券和歐洲債券兩種形式。

●按照利息支付的方式分類

按照利息支付的方式分類，可以分為貼現債券和附息債券。

貼現債券。這是指債券券面上不附有息票，發行時按規定的折扣率，以低於債券面值的價格發行，到期按面值支付本息的債券。貼現國債的發行價格與其面值的差額即為債券的利息。

附息債券。這是指在債券券面上附有息票的債券。或是按照債券票面寫明的利率及支付方式支付利息的債券。息票上標有利息額、支付利息的期限和債券號碼等內容。持有人可從債券上剪下息票，並據此領取利息。附息債券的利息支付方式一般會在償還期內按期付息，如每半年或一年付息一次。

選擇合適的債券投資方式

在債券投資的具體操作中，投資者應考慮影響債券收益的各種因素，在債券種類、債券期限、債券收益率（不同券種）和投資組合方面作出適合自己的選擇。

●完全主動投資

完全主動投資，即投資者投資債券的目的是獲取市場波動所引起價格波動帶來的收益。這類投資者對債券和市場應有較深的認識，屬於比較專業的投資者，對市場和個券走勢有較強的預測能力，其投資方法是在對市場和個券作出判斷和預測後，採取「低買高賣」的手法進行債券買賣。

●部分主動投資

部分主動投資，即投資者購買債券的目的主要是獲取利息，但同時把握價格波動的機會獲取收益。這類投資者對債券和市場有一定的認識，但對債券市場關注和分析的時間有限，其投資方法就是買入債券，並在債券價格上漲時將債券賣出獲取差價收入；如果債券價格沒有上漲，則持有到期獲取利息收入。

●完全消極投資

完全消極投資，即投資者購買債券的目的是獲取較穩定的利息收益。這類投資者往往不是沒有時間對債券投資進行分析和關注，就是對債券和市場基本沒有認識，其投資方法就是購買一定的債券，並一直持有到期，獲得定期支付的利息收入。適合這類投資者投資的債券有憑證式國債、記帳式國債和資信較好的企業債券。

參與債市須知

●適當配置債券品種

推動國債指數連續反彈的主要成因是債券市場資金供給較為寬鬆和投資者政策預期平穩。因此，投資者在配置債券品種時，可根據自己的特點和投資偏好，適當選擇國債或金融債、企業債。

另外值得注意的是，債券型基金「逆風飛揚」，在股票型基金大部分虧損的情況下，債券、貨幣市場基金仍可保持穩定盈利，淨值逆市增長。自二〇〇七年四季度開始，市場開始出現棄「股」投「債」，致使債券型基金也開始頻頻暫停申購，這與之前淨贖回的情形可以說是天壤之別，同時債券型基金是迴避A股市場系統性風險的最佳選擇之一。不斷擴大的債券型基金規模也將為債市提供源源不斷的活力。

●購買債券宜短不宜長

根據以往經驗，投資者應對一年期以上並不隨利率變動的理財產品持謹慎態度，如果買入期限較長的理財產品，一旦加息，很可能會遇到所投資債券產品的收益和存款相差無幾的尷尬狀況。

因此現在發行的債券型產品大多在六個月以內，既能獲得比同期儲蓄存款高的收益率，又能使投資者自如應對政策變化。投資者在選擇產品的時候也應該儘量選擇期限較短的，這樣既能獲得比同期儲蓄存款高得多的收益率，又能快速對政策變化作出反應。

理你之財，解你之憂——信託

如果你忙於工作、無暇顧及理財，如果你一向不精於理財，希望自己的財產能有直接的受益人，那麼就找信託吧。利用委託人，定好受益人，讓信託真正地為你做到理你之財，解你之憂。

信託的概念

「信託」一詞的一般意義，是指將自己的財產委託他人代為管理和處置，即我們俗稱的「受人之托、代人理財」，它涉及委託人、受託人、信託財產、信託目的和受益人。

信託的分類

從理論上來講，信託可以對資金、有價證券、動產、不動產、智慧財產權等各類財產和財產權進行管理、運用和處分，又可從事投資、貸款、出租、出售、同業拆放、項目融資、公司理財、財務顧問等多方面的業務。因此，信託是一種綜合性的理財工具，主要包括：

●資金信託

它是指委託人基於對信託投資公司的信任，將自己合法擁有的資金委託給信託公司，由信託公司按委託人的意願以自己的名義，為受益人的利益或者待定目的的管理、運用和處分的行為。資金信託業務包括：單一資金信託業務（信託投資公司接受單個委託人委託、依據委託人確定的管理方式單獨管理和運用信託資金）和集合資金信託業務（信託投資公司接受兩個或兩個以上委託人委託、依據委託人確定的管理方式或由信託投資公司代為確定管理方式管理和運用信託資金）。

●證券投資基金

證券投資基金，又稱共同基金，就是將眾多投資人的資金集合在一起，由專業機構負責投資管理的一種理財方式。基金與其他理財工具相比，最大的特色在於兼具儲蓄和投資雙重性。一般來說，投資最大的期望就是財富的積累，最不想發生的情況就是本金的虧損，而基金即是以穩健投資、創造獲利為原則，專為沒有錢理財、沒空理財的人所設計的金融產品。當然，基金也與其他投資工具一樣，存在著風險、獲利和變現等不同方面的影響因素。

●不動產投資

不動產投資是以出賣、管理房地產為主的信託，其收益主要來自房租或地租。投資房地產等不動產已成為老百姓們熟悉的、即將錢存銀行和買股票之後的第三大塊投資領域。

●貴重物品信託

這是一項信託投資公司的附加業務。由於信託公司一般都具備良好的保安措施，具有堅固可靠的金庫和保險箱，因此，信託公司可以應要求為客戶保管貴重物品。

●智慧財產權信託

不僅個人合法的所有財產可以信託，而且預期的財產權也可信託，如智慧財產權中的財產權部分可以委託進行抵押融資等的相關管理和處分活動。

除了以上介紹的個人信託產品外，還有如人壽保險信託、遺囑信託、子女教育信託、退休保障信託等，可給人們的家庭理財和財產規劃帶來更多的選擇。

大眾如何投資信託

信託是新型投資理財方式，具有眾多的信託品種，在這裡我們重點介紹資金信託產品的投資方法。投資者應該就下面幾方面的因素進行考慮。

●發行信託產品的信託公司的實力和信譽度

信託收益來自信託公司按照實際經營成果向投資者的分配，信託理財的風險體現在預期收益與實際收益的差異。

投資者既可能獲得豐厚收益，但也可能使本金虧損。由於現在信託業處於發展的初級階段，信託公司著重建立良好理財業績以及知名度，所以信託公司在管理和處置中操作錯誤很少出現，但選擇一個實力強、信譽好的信託公司依然是成功投資信託理財產品的前提。

信託產品的投資方向

這將直接影響到受益人信託的收益。對資金信託產品的選擇，應選擇現金流量、管理成本相對穩定的專案資產進行投資或借債，諸如商業樓宇、重大建設工程、連鎖商店、賓館、遊樂場或旅遊專案以及具有一定規模的住宅社區等一些不易貶值的專案資產，而不應該選擇投資股市或證券的投資產品。對於這些產品的選擇，投資者需要謹慎對待。

信託產品期限

資金信託產品期限至少在一年以上。

一般而言期限越長，不確定因素就越多，如政策的改變，市場因素的變化，都會對信託投資專案的收益產生影響。

另外，與市場上其他投資品種相比，資金信託產品的流動性比較差，這也是投資者需要注意的。

因此，在選擇信託計畫時，應結合該產品的投資領域和投資期限，並儘量選擇投資期短或流動性好的信託產品。

●自己的風險承受能力

信託與其他金融理財產品一樣都具有風險。但風險總是和收益成正比的。由於當前資金信託產品的風險界於銀行存款和股票投資之間，而收益比較可觀，該類品種自推出以來，一直受到廣大投資者的青睞，出現了排隊購買的景象，這充分說明資金信託產品具有其獨特的優勢。

但投資者也應該看到，信託公司在辦理資金信託時，是不得承諾資金不受損失，也不得承諾信託金的最低收益的。同時，由於信託公司可以採取出租、出售、投資、貸款、同業拆借等形式進行產業、證券投資或創業投資，不同的投資方式和投資用途的差異性很大，其風險也無法一概而論。

第七章

雙手打開財富大門

—理財中的創業智慧—

人賺錢，不如錢賺錢，商人更不例外。

創業經商賺錢，靠小錢賺大錢，靠大錢賺更大的錢。

沒有投資就沒有發展，

投資是尋找新的贏利機會的唯一途徑，也貫穿於企業經營的始終。

對於時下的投資者來說，商機就是財富，不要等著商機來找你，

而要去尋找商機，用自己的雙手打開財富的大門。

創業投資的一般流程

創業是一個非常艱辛的過程，要想成功地創業投資，一個全面的計畫和合理的安排必不可少。

因此，瞭解創業投資的一般流程是必經之路，只有把握了創業投資的一般流程，才能有計劃地進行創業，避免空有好點子或者好資源卻不能得到合理應用的情況發生。現在，我們就來看看創業投資的一般流程。

產生創業的靈感

新的企業誕生往往是伴隨著一種靈感或創意而誕生的。

諾蘭・布希內爾在兔島遊藝場工作過，在猶他大學玩過電子遊戲機，這使他預見到電子遊戲未來巨大的市場潛力，因此他開辦了阿塔里公司。

美國著名的聯邦快遞的發起人當時只是腦子裡有一個想法，這是個有很大風險卻孕育著希望的想法。風險投資專家非常欣賞隔夜傳遞的想法，因此投入大量的資金，在經歷連續廿九個月每月損失一百萬美元的痛苦過程後，聯邦快遞最終宣告成立。

建立合作團隊

建立一個由各方面的專家組成的合作團隊，對創辦風險企業是十分必要的。一個平衡的和有能力的團隊，應當包括有管理和技術經驗的經理和財務、銷售、工程以及相關的產品設計、生產等其他領域的能人。

為建立一個精誠合作、具有獻身精神的團隊，這位創業者必須使其他人相信跟他一起幹是有前途的。

企業初步定型

通過獲得現有的關於顧客需要和潛在市場的資訊，馬上著手開發某種新產品。在矽谷，這個階段的工作一般是在某人的家裡或汽車房裡完成的。如蘋果公司的賈伯斯和沃茲尼克也是在其汽車庫裡開始其創業生涯的。

當一家公司的合夥人麥克・莫利茨第一次造訪雅虎工作間時，看到的是「楊致遠和他的同伴坐在狹小的房間裡，伺服器不停地散發熱量，電話應答機每隔一分鐘響一下，地板上散放著比薩餅盒，到處亂扔著髒衣服」。在這一階段，創業者們一般每天工作十小時到十四小時，每週工作六到七天。這期間，創業者往往沒有任何報酬。風險投資公司也很少在這個階段向該企業投資，支撐創業者奮鬥的主要動力是創業者的創業衝動和對未來的美好嚮往。

制訂企業計畫

一份企業計畫書，不僅是開辦一個新公司的發展計畫，而且是風險投資家評估一個新公司的主要依據。

一份有吸引力的企業計畫書要能使一個創業者認識到潛在的障礙，並制定克服這些障礙的戰略對策才算完備。

例如，坦德姆公司在一九七四年制訂的企業計畫書中所做的銷售額預測，與該公司一九八二年實現的銷售額（兩億多美元）驚人地接近。而羅伯特・諾伊斯起草的公司計畫書，僅用了一頁紙。

尋找資本支持

大多數創業團隊沒有足夠的資本創辦一個新企業，他們需要從外部尋求風險投資的支持。

創業者往往通過朋友或業務夥伴把企業計畫書送給一家或更多的風險投資公司。如果風險投資家認為企業計畫書有前途，就與這個企業團隊舉行會談。同時，風險投資家還通過各種正式或非正式管道，瞭解這些創業者以及他們的實力情況。

企業開張

創業者的企業計畫書被風險投資家認可後，風險投資家會向該創業者投資。這時，創業者和風險投資者的「真正」聯合就開始了，一個新的企業就開張了。

之所以說創業者和風險投資家的聯合是「真正」的聯合，是因為風險投資家不僅是這個新成立公司董事會的成員，而且要參與新企業的經營管理。

美國三藩市的風險投資家比爾‧漢佈雷克特是多家風險企業董事會的成員，他說：「我們不僅把骰子投出去，我們還吹它們，使勁地吹。」

當新公司的規模和銷售額擴大時，創業者往往要求風險投資家進一步提供資金，以便壯大自己，在競爭中占上風。隨著時間的推移，風險減少，常規的資金來源如銀行就會關注該公司。這時，風險投資家開始考慮撤退。

上市

若創業公司開辦五六年後獲得成功，風險投資家就會幫助它「走向社會」，辦法是將它的股票廣為銷售。這時，風險投資家往往收起裝滿了的錢袋回家，到另一個有風險的新創企業去投資。

大多數風險投資家都希望在五年內能得到相當於初始投資的十倍收益。當然，這種希望並不總是能夠實現的。在新創辦的企業中，大約有百分之二十至三十會夭折，百分之六十至七十會獲得一定程度的成功，只有百分之五的新企業大發其財。

創業必知的經營戰略

人們在創業以前一定要做好充分準備，要想取得豐厚的收益，就要有好的經營模式，制定恰當的經營戰略。

●找準最賺錢的項目

要想獲得比較大的收益，就一定要找到最賺錢的項目。這就需要給自己正確定位，評價自己，有沒有敏銳的目光和睿智的頭腦，看自己是否適合做這一行。

●盡可能降低成本

最低成本戰略，簡言之，就是通過使自己成為本行業成本最低的生產者而進行競爭的戰略。降低成本的主要途徑是：

1建立最佳規模最經濟的工廠。

2採用能降低成本的先進技術。

3確保研究開發、服務、分銷和廣告等領域有效性的同時，降低其費用。

4採用先進的管理方法確保企業、組織間的協調並降低管理費用。

較低成本雖不是每個企業都熱心追求的競爭戰略，但卻是企業整個戰略的主題。

低成本生產者在行業中具有明顯的優勢：

1對於競爭者來說，低成本生產者可以以低價為基礎在競爭中處於優勢地位，採用擴大銷售、打擊對手的競爭戰略，獲得超額利潤。

2對於供應商來說，低成本生產者之所以能比其競爭對手更獨立於供應商，是因為它更能承受原材料採購價格的上漲。

3對於潛在的進入者來說，低成本生產者將處於有利的競爭地位，較低的成本不僅可以作為進入障礙，而且可以保持已有的市場。

4對替代商品來說，低成本生產者可以通過削價比其對手具有更強的防衛能力。

總之，低成本可以使企業在承受較低價格的同時，獲得較高的利潤，可以爭取較多的客戶，尤其是可使企業在決定行業價格水準中具有較大的左右能力。

●追求產品差異的戰略

實行產品差異可採取許多形式：不同風格、獨特的性徵、便捷的配件、可靠的產品、非凡的品質、卓越的服務、良好的企業形象，等等。

成功的產品差異可以使客戶對企業的品牌、形式產生偏好或忠誠，甚至使客戶願意為之支付較高的價格。但是許多產品的差異都很容易被競爭對手消除，若想產生持久的吸引力和競爭優勢，必須建立在技術優勢、品質過硬、給客戶較多的支援服務的基礎之上。

●集中重點或專業化戰略

集中重點或專業化戰略，是通過抓住特定客戶群體的特殊需要，通過集中力量於有限地區的市場或者通過集中力量於產品的某種用途，來建立競爭優勢和市場地位的戰略。

它的思想基礎是企業在有限目標市場更有效率，或者比普通的競爭對手更有效率。這是對小型企業非常適用的發展戰略，可以使小企業和規模龐大的企業展開成本競爭。

集中重點戰略使企業在實現有限市場目標中獲得優勢，使企業足可以應付其他競爭力量，在其目標市場上，競爭對手不可能具有相同的能力，進入者將受其競爭優勢的阻礙，替代產品也難於立足，客戶將因不願意把其他業務轉移到不能提供同等服務的其他企業而削弱談判力，供應商則很可能面臨買方市場。

如果掌握了以上這些創業經營戰略，投資者就能有效地投放自己的資金，來搶佔投資的最好時機，讓錢生錢，同時還可以避免一些不必要的風險。

創業致富的竅門

與其給別人打工，不如自己創業當老闆。這句話說著輕鬆，但眾所周知，老闆有老闆的難處，並非人人都能夠當老闆。做一個賺錢的老闆，一個事業有成的老闆是需要付出辛勤的汗水的。任何事業都是由小到大，在不斷總結經驗、累積資金的過程中，慢慢發展起來的。在這個過程中就要有很多的致富竅門。

有人在前人經驗的基礎上，結合當代社會發展特點，總結出了以下竅門。

●獨自經營

開始創業時，避免邀其他人合夥。合夥就像婚姻，統計顯示，婚姻的合夥關係，兩對中就有一對以離婚收場。一般來說，如果你想創業，最好自己創業，以避免因思想、觀點、方法不一致或談不攏導致不歡而散。

●不要把所有雞蛋都放在同一個籃子裡

這是投資者必須遵守的第一要訣，同時也是第一穩健的投資根本法則。投資與投機的最大不同就在於「戒貪」。它要求投資者把資金分散在多種管道，如此就能保證不會一無所獲。

●如果自己不行，就把錢交給別人

「把錢交給別人用」是大多數人很難破除的一種做法，更難於接受「賺賠的風險還要由自己承擔」的理論，然而這正是當代投資新潮流、新動向。現在全世界投資管道、投資工具越來越多樣化，多種資訊收集做到準確、全面將更加困難，收集成本也越來越高。個人投資者在市場上也很難經常立於不敗之地。因此，把資金委託給經理人，或者個人購買一些受益於自身的憑證，也是投資成功的竅門。

●高收益必然高風險，難解難分無例外

這是投資學中鐵的規律，風險和收益總是成正比例存在，它要求投資者要有足夠的投資風險防範意識。想要賺大錢，當然是有可能的，只是血本無歸的可能性也同樣

很高。因此，對於高風險的投資，投入的資金比例一定要比較少，別投入全部家庭儲蓄，這才是穩健的投資行為。

●即使不成功也要繼續努力

絕對不要放棄，失敗經常就在成功的前方。失敗後不要氣餒，只要從失敗中找到教訓，繼續努力，作出聰明的選擇，你終會成功。

●順著市場趨勢，不要與市場對抗

無論是何種投資管道、投資工具，都有所謂的「風潮」，即一般人對某類投資形式形成一股熱潮之後，就會有蜂擁而至的資金，這種潮流不會轉瞬即逝。所以，對於每一位投資者來講，其自身所進行的每一項投資操作一定要做到順勢而不可逆勢。

●快人一步

如果你想大賺一筆，那麼就必須要在市場還沒有形成風潮之前，就先要預計到以後很有可能會發生的變化。事先低價投資，正所謂「一分付出，一分收穫」。

量力而行

這就要求投資者在投資之前，一定要對自己作出正確的評估，充分地瞭解自身潛力及承受風險能力以及對投資管理的能力。如果投資者只想到賺錢之後的美景之感受，而完全不顧及投資賠錢後果的話，就勢必會使投資成為沉重負擔，甚至身負重債而導致終生不幸。

對客戶要大方

新事業不宜對客戶收費過高，可以為客戶提供免費服務，讓他們知道你能做什麼。就算沒有簽約，他們也會介紹其他付費客戶。有時，要懂得小魚釣大魚的道理。

愛你的客戶

永遠有禮貌地和客戶說話，不論他們有時多麼令你生氣。記住，客戶不僅是「上帝」，還是獨裁者，要盡力使客戶滿意，提供更多服務，甚至超過客戶的期望，這便是小企業主最好的廣告方式。

●長時間工作

把會計、書信等行政工作留到夜晚。這些事絕對不能佔用朝九晚五的時段。這個黃金時段只能用來建立人際關係，做簡報，打電話，或與客戶面對面交談，晚上回家後才從事不會產生收入的工作。

●安排休閒時間

儘管待辦事項堆積如山，也要強迫自己星期六或星期日休息一天。你損失的那一天，會因為下周生產力增加而加倍補回，而且家人和客戶也希望你這樣做，因為休假使人愉快和喜悅。抽出時間去運動，和家人出遊，甚至看場電影，你暫時拋開業務，工作反而更有效率。

從某種意義上來講，投資賺錢就好比一場大戰役。戰前一定要做到深思熟慮，制定出總的戰略方針，再根據戰場的實際變化，選擇合理的戰術打法，只有做到了這一點才能夠取得整個戰役的勝利。掌握了以上這些投資要訣，你便能有效地投放自己的資金，來搶佔投資的最好先機，讓錢生錢，同時還可以避免一些沒必要的風險。

不熟不做乃致富之道

閉上眼睛一想，各行各業賺錢的關鍵，只在「熟悉」二字——熟悉一個行業到一定程度（或相當程度），研究它的規律，具備比較成熟的業務關係和一定量的資金，你就可以自己創業了。

「不熟不做」的好處是創業者本身在該行業已建立了人際網路，在客源方面會較有保障。如果創業者有意進軍某個新行業，宜先多結交該行業的朋友，待人際網路建立起來後再正式開業。此外，工餘時不妨多參加社交活動，擴展自己的圈子，或許這些新相識就是你將來的客戶。

完全不熟悉的行業是非常難做的，看著別人賺錢的行業，不見得自己做就能順利賺錢。每個行業都有獨特的門道，完全不瞭解的行業，最好不要盲目投資。因此對創業者來講最好做自己相對熟悉的行業，或者這個行業自己曾經因為愛好而累積有一定的經驗，介入進來的時候才能避免一頭霧水或遭遇障礙。

翁錦通，香港錦興集團總裁，四十歲獨闖香港，白手起家，拚搏奮鬥，成為一名蜚聲海內外的「商界奇才」、香港「抽紗大王」。生意鼎盛時，他的集團公司轉口經銷的中國抽紗工藝品年貿易額達到八億元。他還涉足地產、礦產、化工等領域，也取得了輝煌的業績，成了雄霸一方的殷商。

一九五七年，翁錦通在他四十歲生日那一天，踏上香港土地時，當時身上只有四港元。

一九六二年開始自己創業，從自己熟悉的抽紗做起，他自信自己對抽紗累積有數十年的經驗，對於抽紗行業的經營管理有絕對的把握，對於抽紗任何細微技術性問題也瞭若指掌。他辦起了「錦興繡花臺布公司」和「香港機繡床布廠」。

從此，翁錦通在抽紗工藝領域穩紥穩打，不斷拓展，逐步建立起他的「抽紗王國」。從香港到中東、美洲、歐洲等市場都有他的抽紗工藝品。他的錦興繡花臺布公司也發展成為在美國、義大利、新加坡等國家都設有公司、銷售網路遍佈全球的「錦興集團」。

後來，翁錦通為自己的創業總結了四條經驗：其一是要絕對內行，才可能做到業精於勤，才能成其專長專業；其二是要有勤奮的精神和堅韌的毅力，不辭勞苦和百折不撓，腳踏實地，以信立足；其三是計畫要縝密，處事要沉穩。不可輕舉妄動，意氣用事；其四是要品行端方，要幹實業而勿投機，要近正經商人，勿近狡商市儈。

由此可見，不管在哪兒做生意，做什麼生意，如果是本行業專家，優勢不言而喻。常言說：隔行如隔山。在生意場上什麼都不懂，就意味著血本無歸。看到別人做生意是賺錢，等到自己做了，搞不好就會賠錢。因為每個行業都有自己的核心內容，如果不熟悉是很難掌握這些東西的。「熟能生巧」在生意上也一樣適用。

李嘉誠的投資思維模式即講究「不為最先」。在通常情況下，最新、最火熱的時候先不進入，等待一段時間後，市場氣候往往更為明朗，消費者更容易接受，自己的判斷決策也會比較準確，這時候採用收購的辦法介入，成本最低。

「穩健中尋求發展，發展中不忘穩健」是李嘉誠的經商信條。

天生聰明、有商業頭腦的人，他們創業也許很順利；如果你不是天資聰明也不很幸運，那麼，創業的一個要求就是熟悉。熟悉之後，動動腦筋，可以總結出行業的規律，就可以賺錢了。

如果你對自己所負責的專案沒多大興趣，還是趁早別做，否則中途碰到不能解決的問題就很容易妥協，不僅不會堅持下去，甚至還會半途而廢。

小本生意也可富甲天下

現在的一些人總有這樣的理念：要賺大錢必須做大商品生意。有成就的人都知道，其實那些小商品也能做大生意。

比如打火機、一杯豆漿等都是不起眼的甚至是被人瞧不起的商品，生產的成本又很低，但是卻有人靠它過足了發財癮。

廿五美分一個漢堡，再加上廿美分一個冰淇淋，一碟炸薯條，幾片酸黃瓜。如此小本生意，竟然每年營業額高達百億美元，不能不說是一個奇蹟。這個奇蹟是由克羅克創造的。

因此，美國不少專家、學者都在研究克羅克成功的訣竅。他們連篇累牘地發表文章，出版書籍。可是到了克羅克的嘴裡，卻簡單明瞭，他只有一句話：「我只是認真對待漢堡生意。」

克羅克的「認真」並非一句口號，而是有著極其深刻的內涵，他成功的關鍵是摸準了顧客的心理，適銷對路。

第二次世界大戰以後，雖然開始了冷戰，但更多的表現形式是和平競爭、科技競爭。各國所投入的最大本錢，是經濟建設、經濟發展、市場繁榮，有很多人投入到了各項事業中，出現了許許多多的職業女性。

女性從廚房中走出來，並與男性一樣進行快節奏的工作與生活。於是，速食食品提到議事日程上來。速食以它的省時、省事、價廉的特點，緊緊地吸引住了每一位顧客。

雖是速食食品，但由於人們的工作十分緊張繁忙，營養跟不上，勢必造成疲勞，所以漢堡絕不能做成湊合、對付的食物，而是對人體所必需的各種營養搭配合理。

漢堡對於人們所必需的五大營養素——蛋白質、脂肪、碳水化合物、維生素、纖維素，一應俱全，比例適中。這正是顧客之所想的。因此，克羅克獲得了成功。如果你生產的產品適合顧客的需求，當然就暢銷無阻了。

豆漿在中國是非常普通的東西，但有個青年卻眼光獨特。靠「一杯豆漿」

打天下，而成為巨富。

豆漿是許多中國人喜愛的早點，但製作麻煩，黃豆要泡、要磨，在家裡製作不了。

有一位名叫王旭寧的年輕小夥子以敏銳的目光瞄準了豆漿市場，大學畢業後他放棄了安逸穩定的工作，從豆漿的生產工具下手，於一九九四年籌資三十萬元創辦了九陽電器公司，開始研製生產九陽豆漿機，當年實現銷售兩萬台，年產值六百萬元。

此後，該專案以驚人的速度發展。銷量連年翻番，到一九九九年已實現年銷量四十萬台，年產值一點二億元。正是這不起眼的小小豆漿，讓王旭寧創出了一片紅火事業。

許多人一想到做生意，搞產品，想到的就是大專案，是高科技。其實，賺錢不在產品的大小，而在於是否有市場，是否能滿足人們的需要。

尤其對於那些剛剛開始創業的人來說，資金量少，商業關係不多，銷售網路沒有建立，涉足那些需要大資金、高技術的產品顯然是非常困難的。倒不如先從一些小專案、小產品入手，既容易操作，又同樣能賺錢，甚至還能賺大錢。

打火機能擁有與彩電同樣大的市場，小小豆漿能使人成為巨富，這就是最好的證明。許多做大生意的人也是先從小生意開始的。

松下電器名揚世界，但他們是做電器插座起家的；李曉華是金融業和房地產業的大亨，但他原來是賣飲料放錄影的。

因此，不要以產品小而不為，不要以利潤少而不做，實際上，小產品也能做出大生意，關鍵看我們會不會做。

善於發現冷門中的商機

很多人在創業的過程中，熱衷於追求熱門行業，大家都往一條路上擠，千軍萬馬過獨木橋，越是這樣越有摔傷的危險。

世界變化太快，現在的「熱門」，可能很快就會變成「冷門」；現在的「冷門」，可能就是以後的「熱門」。因而，選擇行業要避開競爭過於激烈的行當，選「冷門」，選暫時不那麼起眼、不那麼引人注意的行業或職業，做冷門行業的「弄潮兒」。

所以，我們不妨選擇那些暫時不那麼引人注意的行業或職業，或許能找到更大的職業發展空間，一個人的好運氣可能就會從此開始。

在冷門中覓得機遇，往往比在熱門中能找到更多的機會。現在的美國就有幾種冷門的職業，據說薪酬十分可觀，但那不是人人都能幹的，其中有些職業還得有某種「特異功能」，比如品嘗冰淇淋。

一個在大學攻讀過教育專業叫蕭娜的女學生，她總是不停地品嘗各種口味的冰淇淋，吃巧克力、奶油、香草、蜜瓜等口味的冰淇淋，她不僅不需要付錢，而且還因此賺了大筆錢，因為這是她的工作。公司只要她品嘗後給予一些意見，以求得他們的產品做得更好。

還有的為電影公司提供假人。

謝夫和羅伯特的公司有四千兩百個特殊「雇員」，這些「雇員」既不領薪水，也不吃飯打電話，因為「他們」統統是按真人尺寸製作的紙板人像。電影公司是大主顧，每當他們拍攝大型群眾場面時，需要大量的群眾演員，如果採用真人，成本就很高，用他的「雇員」，一個一天只需五美元，而且非常老實，任你怎麼擺佈都行，「他們」絕沒有半點脾氣。

在現實生活中，很多人不去把握一些看似沒有多少前途的機會，但是他們又抓不住很有前途的機會，結果終生碌碌無為。其實，不管是冷門還是熱門，有需求就有機遇，有機遇就會給你帶來好運氣。

霍英東先生是舉世聞名的億萬富翁。二十世紀五〇年代，香港的房地產業得到發展，他也在房地產業大賺了一筆。同時，房地產業的發展帶動了建築材料業，但是，當時香港淘沙業是企業家們很少問津的一個行業，因為這一業務用工多，獲利少，賺錢難。

霍英東卻不這麼認為，他認為隨著建築業的發展，河沙的需要量會越來越大，是個很有潛力的市場，加上許多大企業不屑一顧，這正是一個有利可圖的良好機會，淘沙業在香港大有賺頭。

當時，淘沙業雖有不利因素，但是卻沒有妨礙霍英東進入淘沙業。不願守舊的霍英東試圖改革，他花七千元港幣從海軍船塢買來挖沙機器，用機械操作，效率大大提高。此後，又進一步改用機船淘沙，派人到歐洲重金訂購了一批先進的淘沙機船，以後又親自到泰國，向泰國政府以一百三十多萬元港幣購買了一艘大挖沙船。此外，他還捷足先登，通過投標，承包海沙供應，自此淘沙業迅速發展，開創了挖海沙的新局面。

後來，霍英東先生擁有設備先進的挖泥船二十多艘，生意也相當紅火。這些挖泥船成了他的搖錢樹，而淘沙業也成了他的聚寶盆。

還有一些冷門其實並不「冷」，關鍵是人們還沒想到這樣的創意。當你想到了別人沒有想到的，當你用不同的方式去演繹你的創意的時候，就是你在冷門中創造財富的時候。

在武漢洪山區華師文化街，二〇〇七年從黃岡職業學院畢業的胡佳，在親友鼓勵支持下自主創業，開了一家名為「見入佳靖」的飾品店。胡佳為了吸引顧客，進行了獨特的創意。為了迎合青年人的好奇心態，她靈機一動，在店裡「種」上「許願樹」。「樹」是她和朋友手工製作而成，沒花費一分錢。

「種樹」這招果然靈驗，很快吸引了不少大學生前來光顧許願。一些大學生在願望卡片上寫下願望後，掛到店內一棵「許願樹」上。現在，「許願樹」上已經掛滿了數百張願望卡片，為她吸引了不少人氣，生意也因此火起來。

所以，要靈活地選擇屬於自己的機會，不要盲目地追求熱門，選擇自己力所能及的事去做，並且選擇的事要有利於自己潛能的發揮和事業的發展。不要被一時一地的熱門行業所迷惑，影響自己才能的發揮，進而影響自己的美好前程。對冷門一定要用發展的眼光來看待，不要輕易放棄，選擇有發展前景的冷門，這樣，你的人生也更容易獲得財富。

網上開店商機無限

在現代社會，想要自己當老闆的人太多了，但是自己當老闆可不是鬧著玩的。不但需要大量的資金，而且還需要專門的店面或辦公室。既然自己是老闆，就還得招聘員工；自己當老闆，賺不賺錢先不說，光是每個月的水電費、房租費、稅費、工人薪資以及經營所需要的通信費、交通費就會讓一個新老闆吃不消。如果再加上整體經濟不景氣，行業競爭激烈、生意慘澹等情況，真的會賠得血本無歸。

自從網路上開始出現了網上銷售和網上買賣平臺以後，前面說的那些顧慮，就可以完全打消了。再也不用操心什麼店租金，水、電費了，更不需要請人。開網店，一台電腦，一根網線，一個人，動動滑鼠，就能輕輕鬆鬆賺錢。經常上網的人肯定知道，其實現在的網店已經發展得相當成熟。網上的商品已經從剛開始的單一匱乏，發展到現在的琳琅滿目。這就是開網店的一個大好時機。

網路上有很多購物網站，想要開網站的朋友，可以在網站註冊，然後把自己想要賣的產品的圖片和文字上傳到網站上，一經發佈，買家就可以看到賣家所要出售的商品了。如果買家看中了我們網店裡的商品，就會上前來問價。這時我們再針對客戶的詢問，進行細緻耐心的答覆。

不要以為把網店開起來，就可以不聞不問，然後天天在家裡睡大覺。一定要明白，開網店也需要大量的網路推廣和宣傳工作。同時也需要我們把自己的網店經營出特色，不要千篇一律，我們要賣的東西，一定要跟別人賣的東西不一樣，這樣才能賣得火紅。生意火紅了，錢自然也會大把大把地進賬了！

那麼哪些產品比較適合我們開網店的時候選擇呢？下面我們來看看。

首先是數位產品，像MP3、MP4之類的商品，隨著其價格的越來越低，使用的人越來越多。甚至包括電腦、手機這類的產品，也都會得到年輕人的追捧。其次是圖書，對於購物者來說，網上購書是一個非常方便的選擇，要比在書店買書更便宜更快捷。再次是化妝品、服裝等女性用品。只要定位合理、能夠打出知名度，積累回頭客，就基本能成功。

網上開店投入不多，利潤空間不少，經營方式靈活。現在我們來瞭解一下網上開店的基本步驟。

●前期準備和投入

在網上開店，需要瞭解網購的消費人群、成交量居高的貨品、尋找貨源；確定出售貨品的主題、投入資金的預算等都是事前必須做的功課。同時，還需要一定的投入，主要包括硬體和軟體兩部分。硬體包括可以上網的電腦、掃描器、數位相機、聯繫電話等，儘量配齊，方便經營。而軟體包括安全穩定的電子郵箱、有效的通信地址、網上即時通信工具，等等。

●登錄網站註冊為用戶

需要選擇一個提供個人店鋪平臺的網站，註冊為用戶。有的網站會要求用真實姓名和身分證等有效證件進行註冊。在選擇網站的時候，人氣旺盛和收費相對低廉是很重要的指標。

●向網站申請開設店鋪

在向網站申請開設店鋪時，首先要詳細填寫自己店鋪所提供商品的分類，例如你出售時裝手錶，那麼應該歸類在「珠寶首飾、手錶、眼鏡」中的「手錶」一類，以便讓你的目標客戶可以準確地找到你；然後你需要為自己的店鋪起個醒目的名字，客戶在清單中點擊哪個店鋪，更多地取決於名字是否吸引人。有的網店顯示個人資料，應該真實填寫，以增加信任度。

●登錄

在登錄時需要把每件商品的名稱、產地、性質、外觀、數量、交易方式、交易時限等資訊填寫在網站上，最好搭配商品的圖片。名稱應儘量全面，突出優點，因為當別人搜索該類商品時，只有名稱會顯示在清單上。為了增加吸引力，圖片的品質應儘量好一些，說明也應儘量詳細，如果需要郵寄，最好聲明誰負責郵費。同時還要設置價格。通常網站會提供起始價、底價、一口價等項目由賣家設置。

●做廣告

為了提升自己店鋪的人氣，在開店初期，應適當地進行廣告投入，但只限於網路上即可。例如購買網站流量大的頁面上的「熱門商品推薦」的位置，將商品分類列表上的商品名稱加粗、增加圖片以吸引眼球。也可以利用不花錢的廣告，比如與其他店鋪和網站交換連結。

物美價廉的貨源

網上銷售價格是非常敏感的要素，而不同的商品有不同的進貨管道。掌握了價廉物美的貨源，就是掌握了電子商務經營的關鍵。

你可以去外貿產品中淘金，直接從工廠裡拿貨，這樣保證價低有賺頭。在外貿訂單剩餘產品中有不少好東西，拿著價廉物美的外銷產品，你的網上生意一定會紅火。還可以買入一些品牌積壓的庫存。品牌商的庫存積壓都很多，如果你有一定談判能力，可以找到品牌經營商與他們談判，把他們手中的庫存買下來，是日後獲得豐厚利潤的關鍵。

瞭解了這麼多的網上開店的資訊，你會發現其中的商機是無限的，只要你有心去做，那麼相信你很快就會成為一個成功的網上店主了。

第八章

為財富建一道防火牆

—理財中的避險智慧—

收益和風險是一對雙生子，我們在享受理財收益的同時，
必然要承擔由此產生的風險。
投資者不能只看到投資的收益而忽略了風險，
也不能由於懼怕投資的風險而放棄投資。
因此，要學會為自己的財產樹立一道防火牆，巧用避險智慧，確保財產安全。

好好把握這桿秤

投資就像一桿秤，一邊是風險，一邊是收益。有收益就會有風險，在投資理財之前，要好好把握一下秤左右兩邊的平衡情況。先來瞭解一下風險的概念，幫助你把握這桿秤的平衡。

風險的概念

風險是一種遭受損失的可能性，就是危險發生的意外性和不確定性，包括損失發生與否及損失程度大小的不確定性。風險具有不同的表現形式，如地震、火災、洪水等自然風險；雇員的惡意行為、不良企圖等道德風險；疏忽大意、重大過失等人為風險；供求關係變化、價格上漲等市場風險，此外還有技術風險、政治風險，等等。

目前市場上理財產品種類繁多，對於廣大非專業的投資者而言，往往只注意到預期收益率的高低，而忽視了產品中蘊藏的風險因素。但是收益率和風險是相互矛盾的。一般來說，收益越高，風險越大，兩者呈正比例關係。只不過要發現產品中的風險點，需要投資者熟悉相關金融知識，而這往往是一般投資者所欠缺的。

●理財產品根據風險程度的分類

根據風險程度的高低，我們把理財產品分為以下四類。

第一類：低風險程度的理財產品。

銀行存款和國債由於有銀行信用和國家信用作保證，具有最低的風險水準。同時收益率也較低，投資者保持一定比例的銀行存款主要是為了保持適度的流動性，滿足生活日常需要和等待時機購買高收益的理財產品。

第二類：較低風險的理財產品。

低風險的理財產品主要為各種貨幣市場基金或偏債型基金。這類產品投資於同業拆借市場和債券市場，這兩個市場本身就具有低風險和低收益率的特徵，再加上由基金經理進行的專業化、分散性投資，使其風險進一步降低。

第三類：中等風險的理財產品。

中等風險的理財產品主要包括信託類理財產品、外匯結構性存款以及偏股型基金，等等。

信託類理財產品是由信託公司面向投資者募集資金，提供專家理財、獨立管理，投資者自擔風險的理財產品。投資這類產品的投資者要注意分析募集資金的投向，還款來源是否可靠，擔保措施是否充分以及信託公司自身的信譽，等等。

外匯結構性存款，作為金融工程的創新產品，通常是幾個金融產品的組合。如外匯存款附加期權的組合，這類產品通常是有一個收益率區間，投資者要承擔收益率變動的風險。

偏股型基金，是由基金公司募集資金按照既定的投資策略投向股市，以期獲得較高收益率的一類產品，由於股市本身的高風險性質，這類產品風險也相對較高，本金也有遭受損失的可能。

第四類：高風險的理財產品。

股票、期貨、黃金、藝術品等投資項目，由於市場本身的高風險特徵，投資者需要有專業的理論知識、豐富的投資經驗和敏銳的判斷分析能力才能在這類市場上取得成功。

●投資者承受風險水準的分析

投資者可從兩方面分析自身可承受風險的水準。

1風險承受能力。投資者可依年齡、就業狀況、收入水準及穩定性、家庭負擔、資產狀況、投資經驗與知識估算出自身風險承受能力。

2風險承受態度即風險偏好。投資者可以按照自身對本金損失可容忍的損失幅度及其他心理測驗估算出來。

總之，投資者在進行理財前應先評估自身的可承受風險水準，並深入瞭解準備投資的產品，對於不熟悉的產品可向相關領域專業人士進行諮詢。避免片面追求理財的高收益率。

風險的種類

●按風險涉及的具體內容分類

投資風險主要有兩種：一種是投資者的收益和本金的可能性損失；另一種是投資者的收益和本金的購買力的可能性損失。

1在多種情況下，投資者的收益和本金都有可能遭受損失。對於股票持有者來說，發行公司因經營管理不善而出現虧損時，或者沒有取得預期的投資效果時，持有該公司股票的投資者，其分派收益就會減少，有時甚至無利潤可分，投資者根本就得不到任何股息；投資者在購買了某一公司的股票以後，由於某種政治的或經濟的因素影響，大多數投資者對該公司的未來前景持悲觀態度，此時，因大批量的拋售，該公司的股票價格直線下跌，投資者也不得不在低價位上脫手，這樣，投資者高價買進、低價賣出，本金因此遭受損失。對於債券投資者來說，債券發行者在出售債券時已確定了債券的利息，並承諾到期還本付息，但是，並不是所有的債券發行者都能按規定的程式履行債務。一旦債務發行者陷入財務困境，或者經營不善，而不能按規定支付利息和償還本金，甚至完全喪失清償能力時，投資者的收益和本金就必然會遭受損失。

2投資者的收益和本金的購買力損失，主要來自於通貨膨脹。在物價大幅度上漲，出現通貨膨脹時，儘管投資者的名義收益和本金不變，或者有所上升，但是只要收益的增長幅度小於物價的上升幅度，投資者的收益和本金的購買力就會下降。也就是說，通貨膨脹侵蝕了投資者的實際收益。

●按風險產生的根源分類

從風險產生的根源來看，投資風險可以區分為企業風險、貨幣市場風險、市場價格風險和購買力風險。

●按風險與收益的關係分類

從風險與收益的關係來看，證券投資風險可分為市場風險和非市場風險兩種。

1市場風險是指與整個市場波動相聯繫的風險，它是由影響所有同類證券價格的因素所導致的證券收益的變化。經濟、政治、利率、通貨膨脹等都是導致市場風險的原因。市場風險包括購買力風險、市場價格風險和貨幣市場風險，等等。

2非市場風險是指與整個市場波動無關的風險，它是某一企業或某一個行業特有的那部分風險。例如管理能力、勞工問題、消費者偏好變化等對於證券收益的影響。

具有較高市場風險的行業，如基礎行業、原材料行業等，它們的銷售、利潤和證券價格與經濟活動和證券市場情況相聯繫。具有較高非市場風險的行業，是生產非耐用消費品的行業，如公用事業，通信行業和食品行業，等等。

巴菲特避險妙招

巴菲特廿一歲學成畢業。然而，畢業後他卻多次碰壁，找不到適合自己的工作，一九五六年他回到家鄉，決心自己一試身手。

有一次，他在父親的一個朋友家裡突然語驚四座，宣佈自己要在三十歲以前成為百萬富翁：「如果實現不了這個目標，我就從奧馬哈最高的建築物上跳下去。」

不久，一幫親朋湊了十點五萬美元，其中有他的一百美元，成立了自己的公司——「巴菲特有限公司」。

創業之初巴菲特非常謹慎。在不到一年的時間內，他已擁有了五家合夥人公司。

當了老闆的巴菲特竟然整天躲在奧馬哈的家中埋頭在資料堆裡。他每天只做一項工作，就是尋找低於其內在價值的廉價小股票，然後將其買進，等待價格攀升。

這些遠遠低於其營運資本的股票果然為他帶來了豐厚的利潤。在一九六二至一九六六年的五年中，他公司的業績高出了道瓊指數二十至四十七個百分點，而巴菲特本人也在當年的《奧馬哈先驅報》上獲得「成功的投資業經營人」的名頭。

巴菲特兌現了他的「百萬富翁」狂言。五十多年後的今天，富比士最新全球富豪排行榜顯示，巴菲特的身價已達到了近五百億美元。

今天看來，巴菲特的故事無異於神話。但仔細分析巴菲特的成長歷程，巴菲特並非那種善於製造轟動效應的人，他更像一個腳踏實地的平凡人。

雖然巴菲特是全球最受欽佩的投資家，但是機構投資者在很大程度上不理會他的投資方法，很少有投資諮詢公司或養老金信託公司會委託他管理資金。巴菲特所掌控的伯克希爾公司股票，包括基金經理在內的大部分人都不會去買，也從沒有分析師推薦他的股票。

或許在很多人眼中巴菲特更像是一個老古董，他的投資理念與市場格格不入。總之巴菲特與其他人總有那麼一點點區別與距離。或許正是這一點點區別決定了巴菲特只有一個，而我們是芸芸眾生。

●儘量避免風險，保住本金

在巴菲特的投資名言中，最著名的無疑是這一條：「成功的秘訣有三條：第一，儘量避免風險，保住本金；第二，儘量避免風險，保住本金；第三，堅決牢記第一、第二條。」

為了保證資金安全，巴菲特總是在市場最亢奮、投資人最貪婪的時刻保持清醒的頭腦而急流勇退。

一九六八年五月，當美國股市一片狂熱的時候，巴菲特卻認為已再也找不到有投資價值的股票了，他由此賣出了幾乎所有的股票並解散了公司。結果在一九六九年六月，股市大跌漸漸演變成了股災，到一九七〇年五月，每種股票的價格都比上年初下降了百分之五十甚至更多。

巴菲特的穩健投資，絕不幹「沒有把握的事情」的策略使巴菲特逃避過一次次股災，也使得機會來臨時資本迅速增值。但很多投資者卻在不清楚風險或自己沒有足夠的風險控制能力的情況下貿然投資，又或者由於過於貪婪的緣故而失去了風險控制意識。在做任何投資之前，我們都應把風險因素放在第一位，並考慮一旦出現風險時我們的承受能力有多強，如此才能立於不敗之地。

●做一個長期投資者，而不是短期投機者

巴菲特之所以成功，最主要的因素是他是一個長期投資者，而不是短期投資者或投機者。

巴菲特從不追逐市場的短期利益，不因為一個企業的股票在短期內會大漲就去跟進，他會竭力避免被市場高估價值的企業。一旦決定投資，他基本上會長期持有。所以，即使他錯過了二十世紀九〇年代末的網路熱潮，但他也避免了網路泡沫破裂給無數投資者帶來的巨額損失。

巴菲特有句名言：「投資者必須在設想他一生中的決策卡片僅能打二十個孔的前提下行動。每當他作出一個新的投資決策時，他一生中能做的決策就少了一個。」

在一個相對短的時期內，巴菲特也許並不是最出色的，但沒有誰能像巴菲特一樣長期比市場平均表現好。在巴菲特的贏利記錄中可發現，他的資產總是呈現平穩增長而很少出現暴漲的情況。

一九六八年巴菲特創下了百分之五十八點九年收益率的最高紀錄，也是在這一

年，巴菲特感到極為不安而解散公司隱退了。

從一九五九年的四十萬美元到二〇〇四年的四二九億美元的這四十五年中，可以算出巴菲特的年均收益率為百分之廿六。

從某一單個年度來看，很多投資者對此也許會不以為然。但沒有誰可以在這麼長的時期內保持這樣的收益率。

這是因為大部分人都被貪婪、浮躁或恐懼等人性弱點所左右，成了一個投機者或短期投資者，而並非像巴菲特一樣是一個真正的長期投資者。

●把所有雞蛋放在同一個籃子裡，然後小心地看好

究竟應該把雞蛋集中放在同一個籃子內還是分散放在多個籃子內，這種爭論從來就沒停止過，也不會停止。

這不過是兩種不同的投資策略。從成本的角度來看，集中看管一個籃子總比看管多個籃子要容易，成本更低。但問題的關鍵是能否看管住唯一的一個籃子。

巴菲特之所以有信心，是因為在做出投資決策前，他總是花上數個月、一年甚至幾年的時間去考慮投資的合理性，他會長時間地翻看和跟蹤投資對象的財務報表和有關資料。對於一些複雜得難以弄明白的公司他總是避而遠之。只有在透徹瞭解所有細

節後巴菲特才做出投資決定。

由此可見，成功的關鍵在於投資前必須有詳細周密的分析。很多投資者喜歡道聽塗說或是憑感覺進行投資，完全沒有進行獨立深入的分析。投資沒有贏利的可靠依據，這樣投資難免會招致失敗。這一點很值得投資人深思。

讓每一分錢都物盡其用

在生活中，我們都講究物盡所值，其實在投資中也是一樣的。正確地選擇組合投資，將資產進行合理的配置，即把錢放在互相不相關的投資品種上，比如股市、基金、房地產、黃金甚至古董等等。

這樣的好處很多，不僅能有效避開風險，而且還能物盡其用。由於各投資標的間具有不會齊漲共跌的特性，即使齊漲共跌，其幅度也不會相同。這樣的理財方式不僅能讓我們的每一分錢都得到充分的利用，更能避開風險。我們需要從組合投資的重要性、意義以及管理等方面來瞭解如何讓每一分錢都物盡其用，以降低投資風險。

●組合投資的重要性

首先，**要瞭解組合投資的多元化**。現在從事投資的人很多，投資品種也很多，有股票、債券、黃金、保險、房產以及收藏等等。如果從投資理財市場特點看，各個品種間往往存在著「蹺蹺板」現象。所以，作為一個比較穩健的投資者，應該注意把資金分散到各個投資品種中去，根據自己的特點，進行一定比例的組合投資。這樣就可避免在某個品種中一「虧」到底的損失。實踐證明，組合投資是避免市場風險最好的辦法，是人們一個比較理性的選擇。

其次，**要結合自己對資金的需要，做到長短結合的投資，進行合理的搭配**。有些人的資金在一兩年內有用處，可做短期投資；有些人的錢是閒錢，可以做長期投資。所以，每個人都應該根據家庭和個人的需求，進行長短結合的組合投資。例如，在股市低迷期，一般可以做價值性投資，但介入資金不應是短期的，而應做好長期作戰的準備。作為投資者，不應把今年或者近兩年可能需要的資金投入到股市，但可以把這部分資金進行最近兩年的債券投資。

再次，**組合投資中，要調配好固定收益、風險收益比例**。投資者可以根據自己的資金狀況、資金未來需要以及各個投資市場不斷變化的特點，調配好二者的比例。例如，在股市低位，到達價值區域時，可適當增加有投資價值的股票投資。

最後，投資者在組合投資中，一定要記住，要給自己留後路，千萬不要把手中的錢都投進去。無論是為了家庭應付萬一，還是在投資市場中面對眾多不確定性，手中有一部分活錢是非常重要的。例如，在股市連續大跌後迎來利好時，許多投資者就是因為手中沒有活錢，而沒辦法抓住機遇。所以，理智的投資者，往往是手中有錢，心中不慌。

●組合投資的意義

股市之中沒有任何一個人能準確預知未來，所以為了減少判斷失誤帶來的損失，在風險來臨或者不確定性較大時，控制倉位比例是最簡單的辦法。即使同樣是下跌，損失只有滿倉者的幾分之一，而當反擊時機來臨時，手中還有寶貴的資金參加反擊戰。在選擇股票的時候，由於離真正的內幕有一段距離，這種差距就決定了股價運動的不確定性，為了避免這種風險，就可以考慮同時投資幾支行業和特點都不相同的個股，因為這幾家公司同時出現危機的可能性很小，這就是組合投資的意義。

這種操作方式如同隨時坐在救生艇上，無論市場怎樣波動，你永遠都不是率先的落水者。

●組合投資的管理

一方面通過組合投資的方法來減少風險，另一方面可以通過各種風險管理措施來對投資的風險進行對沖，從而有效降低投資風險。而中小投資者由於資金量和專業知識方面的欠缺，很難做到組合投資。所以基金非常適合平時工作繁忙，又不具備相關金融投資知識的中小投資者進行家庭理財。

基金管理人一般依據下列原則：當風險一定的條件下，保證組合收益的最大化，在一定的收益條件下，保證組合風險的最小化。具體來說，需要考慮以下幾個方面的問題。

第一，進行證券品種的選擇，即進行微觀預測，也就是進行證券投資分析，主要是預測證券的價格走勢以及波動情況。

第二，進行投資時機的選擇，即宏觀預測，預測和比較各種不同類型證券的價格走勢和波動情況。

第三，多元化，主要是指依據一定的現實條件，組建一個風險較小的資產組合。

●組合投資的選擇

尋找那些互不相關，或者相關很小的證券品種，用合理的組合來分配自己的錢，從而達到風險與收益相互平衡的狀態。從大類上看，股票和債券是獨立的。從小類上看，大盤股和小盤股也似乎相關性不大，價值股和成長股也相關性小。所以要決定股票和債券的比例，總體收益的決定部分就是股票和債券的比例。再說股票型基金和債券型基金的配置比例，當然是股票型基金配置越高，收益就越大，風險也越大。只是要注意一條，國內很多基金其實都不是純股票基金，比如廣發聚富，股票配比最大也不超過百分之七十五。從這種意義上這種基金本身就已經配置好比例了。

僅僅配置了股票型基金和債券型基金的比例還遠遠不夠。還要進行比例的再平衡。比如你按照自己的投資年限和風險承受能力制定了自己的股票型基金和債券型基金的配置比例是七比三。一年以後，股票型基金漲得快，債券型基金漲得慢，比例變成八比二了，怎麼辦？這時候要降低股票型基金的比例，增加債券型基金。如果再過一年，遇到熊市，股票大跌，比例變成了六比四，這時就降低債券型基金的比例，增加股票型基金，使比例回到七比三。這就是再平衡。

一般一年到一年半做一次再平衡。原則上在現在的情況下，一檔股票基金和一支債券基金的組合就差不多了，但還是要多買幾檔股票基金。原因很簡單，也是平衡風險，平衡基金公司存在的風險。

由此我們可以看出，合理的投資組合決定了投資收益，這樣也就能讓每一分錢物盡其用，既提高了收益，也增強了資產的安全性。

分散投資，分散風險

世界上任何事物都有其兩面性，投資也不例外，有收益就有風險。一般來說，投資風險來自三個方面：選錯投資目標，選錯買入時機，選錯賣出時機。

有一年，美國的一家銀行因為違規營業以及財務上的問題，被聯邦政府勒令關閉。該公司被接管後，馬上通知所有的存款人前往提款。

因為美國的銀行有十萬美元的存款保障，也就是說，銀行倒閉時客戶的存款若在十萬美元以內，就都不會受到損失。可是，偏偏有許多人認為這是一家實力雄厚、信譽良好的「百年老店」，是不可能倒閉的，因此，就放心地把畢生的積蓄都存在了這家銀行。結果可想而知，這些人畢生的積蓄就這樣在一夜間化為烏有，損失實在慘重。

可見，上面故事中的投資者就是集中投資的犧牲品，通俗地說，也就是把所有的雞蛋都放在一個籃子裡了。這樣做，是非常危險的。

因為集中投資往往只關注事物某一領域，難以掌控全域，所以容易導致失敗。相反，分散投資是將資金分散地投入不同的行業、企業、市場等，講究投資的組合化，因此也就增強了抵禦風險的能力。

「不要把雞蛋放入同一個籃子裡」，這句理財界的至理名言也在時刻提醒人們，投資是有風險的，分散投資能夠有效地削弱投資風險所帶來的危害。

如果你有一百元總資產，讓你拋一個硬幣，正面你贏，否則你輸。如果你贏則可以獲得百分之五百的收益，總資產變為六百元，輸了你則損失百分之百，總資產為零，那麼你玩不玩這個遊戲呢？

對於投資者來說，這個遊戲顯然是不能玩的，因為一旦你輸了，你將一無所有，再也沒有資本參加遊戲，可以說是永無翻身的機會。如果我們改變一下遊戲規則，讓一個硬幣變成十個硬幣，對每個硬幣都運用相同的規則，並且你把一百元分成十等份投放在每個硬幣上。這個時候，你是否可以玩這個遊戲了呢？

也許可以了。因為在上一個遊戲中，你有百分之五十的機率變得一無所有。而在這個遊戲中，你變得一無所有的機率減少了，而你仍然有百分之九十八左右的獲勝把握。這就是分散投資的必要性。

投資方式多種多樣，豐富多彩，股票、基金、保險、房產等，不同的領域，不同的收益，這樣分散的投資，是我們理財成功的保證。在我們的家庭理財中，分散投資是必需的。

一方面，我們沒有能力通曉所有知識，也沒有精力全面瞭解每一種投資的行情和獲利情況；另一方面，我們也沒把握百戰百勝，沒有那麼多財富來供我們應對風險。因此，必須將資金進行分散投資，把自己的財富放在幾個籃子裡，在獲利的同時有效地規避風險，讓我們的理財真正發揮出效益來。

分散投資也有一定的技巧：

分散投資的原則

●選擇負相關較大的投資標的

組合中各投資標的齊跌共漲的現象越不明顯，甚至呈現相反走勢，則其分散風險的效果越好。例如，貨幣基金走勢與股票型基金價格走勢不具正相關，且通常股票型基金淨值下跌時，貨幣型基金淨值並不會受影響，因此，同時投資貨幣基金與股票型基金就是一對比較好的組合。

●投資標的數量不宜太多

儘管隨著投資種類的增加，風險會下降，但當投資種類增加到一定程度時，風險下降的幅度會達到極限。而且管理成本也因此而上升。因此，不宜過度地分散投資。美國股神巴菲特，那麼大的投資金額，也不過投資了十幾種股票。分散投資固然可以減少最壞的可能，但最好的可能也跟著消除了。因此，也有人主張：「將所有的雞蛋放在同一個籃子裡，然後好好地守住它。」若你對某項投資已經得心應手，完全可以採取集中原則。

對於那些想要投資卻又對大部分的基金投資技巧都不精通，同時對大多數基金都不是很熟悉的人，建議還是分散投資的好。只要投資的基金組合標的長期會上漲，那麼，靠其平均報酬便足以致富。

分散投資時機

有兩種方式，可以達到分散投資時機的目的。

●有錢就投資

梁先生很有投資意識，只要他在銀行的存款達到一萬元，便提出五千元買基金，而且每次買的基金都不同。如此一來，不但分散了投資標的，也分散了投資時機。

●定期定額投資基金

其方式為，在每個月指定的日期，自動從指定的銀行帳戶扣除一定的金額（如一千至五千元），將其投入事先指定的基金。由於基金淨值隨時都在變化，所以每期買到的基金單位數都會不同。價格高的時候自然會買得較少，而價格低的時候會買得較多。長期投資下來，不但投資報酬率相當可觀，而且具有降低價格變動風險的效果。

下面，以基金為例選擇投資時機。在預期市場反轉走強或基金基本面優秀時，進行申購；預期市場持續好轉或基金基本面改善時，進一步增持；預期市場維持現狀或基金基本面維持現狀，可繼續持有；預期市場持續下跌或基金基本面弱化時，進行減持；預期市場大幅下跌或基金基本面持續弱化時，贖回。

●長期持有

有位證券分析師說：「根據統計，股市有百分之五十五的日子是上漲的，有百分之四十五的日子是下跌的。糟糕的是，我們不知道哪些天會上漲。」因此，若你不知道明天是漲還是跌，最聰明的辦法就是猜明天會漲。因為猜的次數越多，猜對的機率就可能高。既然你每天都猜股市會漲，那麼最佳的投資策略就是：有錢就買，買了就不要賣。這種辦法看起來很笨，卻是一個很多人都用的投資理財方法。

根據有人曾做過的一項實證研究顯示，過去投資基金，以持有一個完全分散風險的基金投資組合而言，持有時間越長，發生損失的機率就越小。持有一天下跌的可能性是百分之四十五，持有一個月下跌的可能性是百分之四十，持有一年下跌的可能性是百分之三十四，持有五年下跌的可能性已降為百分之一，若持有十年以上，則完全沒有發生損失的可能性。

由此我們可以看到，只要你主動，財富就可以增值；只要你願意，命運就可以改變。將你所擁有的一切都轉化為資本，這是你成為富人及成功者的可靠途徑。

如何降低投資高風險

投資有風險，對於所有的投資者來說，風險控制永遠比獲取利潤更為重要。但是，有些人在這方面的意識卻很淡薄，無論是買股票還是買基金，他們永遠關心的只是「能漲多少」，卻從來不關心「會跌多少」。可見，這種沒有任何風險控制的投資，往往最終使得自己損失慘重。「收益有多高，風險就有多大」絕對是投資中的至理名言。你在真正投資之前，要認清風險，正視風險，樹立風險意識，做好規避投資風險的準備工作。對於股票、期貨這類高風險的投資，我們要學會一些如何能有效降低高風險的妙招。

股票

對於個體投資者而言，成功的風險降低主要分為以下幾點：

●掌握必要的專業知識

炒股不僅是一門學問，而且是一門藝術，但藝術同樣需要扎實的專業知識和基本技能。花些時間和精力學習一些基本的證券知識和股票交易策略，才有可能成長為一名穩健而成功的股票投資人。

●認清投資環境，把握投資時機

在股市中有這樣一句名言：「選擇買賣時機比選擇股票更重要。」所以，在投資股市之前，應該首先認清投資的環境，避免逆勢買賣。

股市與經濟環境、政治環境息息相關。經濟衰退，股市萎縮，股價下跌；反之，經濟復甦，股市繁榮，股價上漲。政治安定、社會進步、人心踏實時，股市繁榮，股價上漲；反之，人心慌亂，股市蕭條，股價下跌。

●固定投入法

這是一種攤低股票購買成本的投資方法。採用這種方法時，關鍵是股民不要理會股票價格的波動，在一定時期固定投入相同數量的資金。經過一段時間後，高價股與低價股就會互相搭配，使股票的購買成本維持在市場的平均水準。

固定投入法是一種比較穩健的投資方法，它對一些不願冒太大風險的投資者比較適合，尤其適合一些初次涉入股票市場、不具備股票買賣經驗的年輕投資者。採用固定投入法，能使之較有效地避免由於股市行情不穩可能帶來的較大風險，不至於損失過大；如果有所收穫的話，其收益也不會太高，一般只是平均水準。

●固定比例法

固定比例法是指投資者採用固定比例的投資組合，以減少股票投資風險的一種投資策略。這裡的投資組合一般分為兩個部分，一部分是保護性的，主要由價格不易波動、收益較為穩定的債券和存款等構成；另一部分是風險性的，主要由價格變動頻繁、收益變動較大的股票構成。兩部分的比例是事先確定的，並且一經確定就不再變動，堅持採用固定的比例。但在確定比例之前，可以根據投資者的目標，變動每一部分在投資總額中的比例。如果投資者的目標偏重於價值增長，那麼投資組合中風險性部分的比例就可大些。如果投資者的目標偏重於價值保值，那麼投資組合中保護性部分的比例可大些。

●可變比例法

可變比例法是指投資者採用的投資組合的比例隨股票價格漲跌而變化的一種投資策略。它的基礎是一條股票的預期價格走勢線。投資者可根據股票價格在預期價格走勢上的變化，確定股票的買賣，從而使投資組合的比例發生變化。一般來講，股票預期價格走勢看漲時，投資組合中的風險性部分比例增大；股票預期價格走勢看跌時，投資組合中的保護性部分比例增大。但無論哪一種情況，兩部分的比例都是不斷變化著的。

●規避經營風險

在購買股票前，要認真分析有關投資對象，即某企業或公司的財務報告，研究它現在的經營情況以及在競爭中的地位和以往的盈利情況趨勢。如果能把保持收益持續增長、發展計畫切實可行的企業當做股票投資對象，而和那些經營狀況不良的企業或公司保持一定的投資距離，就能較好地規避經營風險。如果能深入分析有關企業或公司的經營材料，並不為表面現象所動，看出它的破綻和隱患，並作出冷靜的判斷，則可完全迴避經營風險。

●避免利率風險

儘量瞭解企業營運資金中自有成分的比例，利率升高時，會給借款較多的企業或公司造成較大困難，從而殃及股票價格，而利率的升降對那些借款較少、自有資金較多的企業或公司影響不大。因而，利率趨高時，一般要少買或不買借款較多企業的股票，利率波動變化難以捉摸時，應優先購買那些自有資金較多企業的股票，這樣就可基本上避免利率風險。

●要控制資金投入比例

在行情初期，不宜重倉操作。在漲勢初期，最適合的資金投入比例為百分之三十。這種資金投入比例適合於空倉或者淺套的投資者採用，對於重倉套牢的投資者而言，應該放棄短線機會，將有限的剩餘資金用於長遠規劃。

●要懂得適可而止

股市風險不僅存在於熊市中，在牛市行情中也一樣有風險。在股市脫離其內在價值時，投資者應執行投資紀律，堅決離開。

在對期貨進行投資的時候，在以下幾方面有較大的風險。

期貨

●期貨的風險

1經紀委託風險

這是投資者在選擇和期貨經紀公司確立委託關係的過程中可能產生的風險。投資者在準備進入期貨市場前必須仔細考察、慎重抉擇，挑選有實力、有信譽的公司。在選擇期貨經紀公司時，還要對期貨經紀公司的規模、經營狀況和資信等進行對比，選擇後要和公司簽訂《期貨經紀委託合同》，來維護自己的權利。

2強行平倉風險

強行平倉通過期貨交易所和期貨經紀公司分別進行的每日結算來進行的期貨交易實行。當期貨價格波動較大、保證金不能在規定時間內補足時，交易者就有可能面臨強行平倉風險。這是因為公司每天都要根據交易提供的結算結果對交易者的盈虧狀況進行結算。有時當客戶委託的經紀公司的持倉總量超出一定限量時，也會造成經紀公司被強行平倉，進而影響客戶強行平倉的情形。所以，客戶在交易時，要時刻注意自己的資金狀況，這樣可以防止因為保證金不足而被強行平倉，給自己帶來嚴重損失。

3交割風險

新入市的投資者要特別注意不要把手裡的期貨合約持有到臨近交割，以避免被「逼倉」。因為期貨合約到期時，要把所有未平倉合約進行實物交割，不準備進行交割的投資者應在合約到期之前將持有的未平倉合約及時平倉，避免承擔交割責任。

4流動性風險

這是由於市場流動性差，期貨交易很難快速、及時、方便地成交所產生的風險。在投資者建倉和平倉時這種風險更為突出。因此，投資者要注意市場的容量，研究多空雙方的主力構成，避免進入單方面強勢主導的單邊市。

5市場風險

市場價格的波動是投資者在期貨交易中的最大風險，因為槓桿原理，這個風險將被放大，而價格波動會給投資者帶來交易損失的風險。

做好準備，防範風險

史密斯曾說：「沒有準備好就別上市」。所以投資者在投資期貨之前，一定要做到未雨綢繆，這樣就可以盡可能地防範期貨投資的風險。作為期貨市場的投資者，市場的風險是不可預知的，也是無法改變的，只有通過投資前的準備，才能讓自己的損失降到最低。特別是作為一個投資新手，在進行期貨交易前，一定要做好各方面的準備工作，主要有以下幾個方面。

1要閱讀和收集一些有關期貨的法律法規和一些風險管理制度。因為在期貨的交易中，投資者要嚴格遵守這些法律和制度，如果沒有做好這一點，一方面投資者可能會在期貨交易中違反某些制度和法律，可能使自己由主動變為被動，也可能會發生終止投資的情況，甚至還可能會因為沒有事先做好準備而觸犯相關的法律制度，最後遭受法律的制裁；另一方面，當自己權益受到威脅時，無法通過這些法律和制度更好地維護自己的權益，把自己的損失降到最低。

2要多閱讀一些期貨方面的書籍和多關注一下當時期貨市場的形勢，擁有自己相關的投資戰略。根據自己的實際條件（資金、時間、身體），培養自己良好的心理素質，不斷充實自己，逐漸形成自己獨特的投資戰略。一個成功投資者的成功不僅僅在於他對技術或基本分析方法和自己管理、風險控制的研究，更重要的是具備良好的心理素質。

在一九八七年為期四個月的「美國交易冠軍杯」大賽中獲勝的安德列・布

希，他在投資策略中，有自己的一套投資管理方法，更有一個好的心理素質，才使他一下就獲利了四十五倍。

在他的投資中，帳號的最大風險被控制在百分之廿五，通常在信號不明朗時投資額的三分之一獲利平倉，該筆利潤用做保證另外三分之一的投資，真正冒風險的只有三分之一的投資額，就可以享有三分之二的贏利潛力，才使自己立於不敗之地，他沒有因大魚溜走而影響心情，始終保持自己平靜的心境。因此，一個好的投資者不計較一時的得失，擁有一個好的心態，就是成功的秘訣，心態決定一切也是這個道理。

3投資期貨的資金和規模必須要正當適度。君子愛財，取之有道。如果一個投資者的資金管道有問題，就會影響到期貨交易。不可把期貨當成自己發財的方法，這是很不明智的。另外，期貨交易的規模也要合理，如果失當，盲目下單、過量下單，就會讓自己面臨超越自己財力和能力的巨大風險。

4關注期貨資訊，分析期貨市場形勢，要時刻注意到期貨市場風險的每一個細節。在期貨市場裡，要學會培養自己的分析能力，從眾多消息中篩選對自己有價值的內容。另外，要時刻關注市場的變化，提高自己反應的靈敏度，自己去尋找方法適應市場的變化，埋怨市場是毫無意義的。

華人首富李嘉誠的成功之處就在於做投資的時候總是有一套自己的方法，這也是他成為華人首富的根本所在。

一九九八年由於香港金融風暴，以索羅斯為首的海外對沖基金，衝擊了香港聯繫匯率和股市。恒生指數從一萬六千多點跌到六千多點的時候，李嘉誠用自己的方法，即「相反理論」，帶頭回購自己長江實業、和記黃埔股份等藍籌股票，最後恒生指數由六千多點上升到了一萬多點。

期貨、股票投資的風險是不可預料的，投資者在入市投資的時候，首先要從自己熟悉的產品上做基礎工作，還要加上技術分析，才能讓期貨、股票交易做起來更為穩妥。要切記，在初期設好「止損點」，當損失剛剛擴大時，就可以全身而退。

我們與錢的距離

作者：臧慧
發行人：陳曉林
出版所：風雲時代出版股份有限公司
地址：10576台北市民生東路五段178號7樓之3
電話：(02) 2756-0949
傳真：(02) 2765-3799
執行主編：劉宇青
美術設計：許惠芳
行銷企劃：林安莉
業務總監：張瑋鳳

初版日期：2019年7月
版權授權：呂長青
ISBN ：978-986-352-715-2
風雲書網：http://www.eastbooks.com.tw
官方部落格：http://eastbooks.pixnet.net/blog
Facebook：http://www.facebook.com/h7560949
E-mail：h7560949@ms15.hinet.net
劃撥帳號：12043291
戶名：風雲時代出版股份有限公司

風雲發行所：33373桃園市龜山區公西村2鄰復興街304巷96號
電話：(03) 318-1378
傳真：(03) 318-1378
法律顧問：永然法律事務所 李永然律師
　　　　　北辰著作權事務所 蕭雄淋律師

行政院新聞局局版台業字第3595號 營利事業統一編號22759935

定價：280元

國家圖書館出版品預行編目資料

我們與錢的距離 ／臧慧 著. -- 臺北市：風雲時代，
2019.06- 面；公分

ISBN 978-986-352-715-2（平裝）

1.理財 2.投資

563　　　　108006798